KARINA A. CASANOVA

ASPECTO VERBAL
ENTRE EL GRIEGO KOINÉ Y EL ESPAÑOL

Prólogo por
DR. NELSON MORALES FREDES

KARINA A. CASANOVA

ASPECTO VERBAL

ENTRE EL GRIEGO KOINÉ Y EL ESPAÑOL

Prólogo por
Dr. NELSON MORALES FREDES

© 2020 Karina A. Casanova
© 2020 Publicaciones Kerigma

© 2020 Publicaciones Kerigma
Salem Oregón, Estados Unidos
http://www.publicacioneskerigma.org

Todos los derechos son reservados. Por consiguiente: Se prohíbe la reproducción total o parcial de esta obra por cualquier medio de comunicación sea este digital, audio, video escrito, salvo para citaciones en trabajos de carácter académico según los márgenes de la ley o bajo el permiso escrito de Publicaciones Kerigma.

Diseño de Portada: Publicaciones Kerigma

Editor: Abner B. Bartolo H.

2020 Publicaciones Kerigma
Salem Oregón
All rights reserved

Pedidos: 971 304-1735

www.publicacioneskerigma.org

ISBN: 978-1-948578-57-8

Impreso en Estados Unidos

ÍNDICE GENERAL

Agradecimientos
Presentación del editor
Prólogo

1. Introducción...	13
1.1 Planteamiento del problema...............................	13
1.2 Objetivos..	15
1.3 Justificación...	16
1.4 Preguntas de investigación.................................	16
1.5 Limitaciones y delimitaciones............................	16
1.6 Metodología de la investigación........................	17
2. Funcionalidad del aspecto verbal en el idioma griego koiné.......................................	19
2.1 Introducción...	19
2.2 Definición de términos clave.............................	19
2.2.1 Lexema..	20
2.2.2 Semántica...	20
2.2.3 Pragmática..	21
2.2.4 Modo verbal...	21
2.2.5 Tiempo verbal/Tiempo cronológico............	22
2.2.6 *Aktionsart*...	25
2.2.7 Aspecto verbal..	26
2.3 Breve panorama acerca de las discusiones sobre la funcionalidad del aspecto verbal en el griego koiné...	28
2.4 Una descripción de la teoría del aspecto verbal...	32
2.4.1 Aspecto perfectivo (tiempo aoristo)............	34
2.4.2 Aspecto imperfectivo..................................	42
2.4.3 Aspecto neutro (tiempo futuro)...................	56
2.5 Conclusión...	58
3. Funcionalidad del aspecto verbal en el idioma español..	62
3.1 Introducción...	62
3.2 Breve panorama de las nociones de aspecto verbal brindadas por los eruditos...............................	62
3.3 Las diferentes distinciones	

      del comportamiento aspectual de las formas verbales.... 69
      3.3.1 Aspecto perfectivo o aoristo............................. 73
      3.3.2 Aspecto imperfectivo..................................... 76
      3.3.3 Aspecto neutral... 86
      3.3.4 Aspecto perfecto... 87
  3.4 Conclusión.. 89

4. Similitudes y diferencias del aspecto verbal entre ambos idiomas... 91
  4.1 Introducción.. 91
  4.2 Comparación del aspecto verbal entre el griego koiné y el español............................. 91
      4.2.1 Aspecto perfectivo.. 92
      4.2.2 Aspecto imperfectivo..................................... 98
      4.2.3 Aspecto ambiguo.. 110
  4.3 Implicaciones para la exégesis bíblica..................... 113

5. Aplicación de los resultados a dos pasajes del Nuevo Testamento.. 115
  5.1 Introducción.. 115
  5.2 Acercamiento aspectual de Jn 7:25-31...................... 115
      5.2.1 Traducción de Jn 7:25-31................................ 115
      5.2.2 Género literario y contexto de Jn 7:25-31........... 116
      5.2.3 Acercamiento aspectual versículo por versículo de Jn 7:25-31... 117
  5.3 Acercamiento aspectual de Ro 8:1-8.......................... 124
      5.3.1 Traducción de Ro 8:1-8.................................. 124
      5.3.2 Género literario y contexto de Ro 8:1-8............. 126
      5.3.3 Acercamiento aspectual versículo por versículo de Ro 8:1-8... 126
  5.4 Conclusión.. 133

6. Conclusiones... 136
  6.1 Introducción.. 136
  6.2 Implicaciones exegético-teológicas que aporta la teoría del aspecto verbal....................... 136
  6.3 Recomendaciones para futuras investigaciones............ 140

Apéndice: Lista de citas bíblicas................................... 141
Bibliografía... 145

A mis padres, Félix y Josefa, por su invaluable
enseñanza con altos valores
durante toda mi vida.

A mi esposo Mauricio y a mi hijo Benjamín,
quienes me han traído inmensa felicidad.

AGRADECIMIENTOS

Quiero expresar mi gratitud, en primer lugar, al dador de todo conocimiento, a nuestro Dios a quien debo mi vida entera. Asimismo, a las personas que han participado directa o indirectamente en el desarrollo de publicación de este libro. Agradezco al Dr. Nelson Morales Fredes, mi profesor y asesor de investigación, por su apoyo espiritual y académico en el proceso de enseñanza-aprendizaje del griego bíblico, retándome a crecer en el conocimiento de este bello idioma, y por su valiosa orientación.

También quisiera agradecer a mis amigos y pastores Walter Heidenreich y Alfonsina Troncoso, por el apoyo espiritual, emocional y económico en momentos de flaqueza en el proceso de la investigación. Por último, al Centro de Publicaciones Kerigma y a su editor adjunto, Lic. Abner Bartolo, por haber confiado en este proyecto de publicación.

PRESENTACIÓN DEL EDITOR

Conocí a la profesora Karina A. Casanova en el año 2011 y ella ya ejercía la docencia en el Seminario Teológico Centroameriano (SETECA) de Guatemala. Y coincidimos como estudiantes del programa de *Magíster Theologiae en Biblia*. Fue una estudiante responsable (a pesar de tener una carga laboral a tiempo completo) y con una profunda pasión por la exégesis, el griego koiné y la gramática española.

Karina A. Casanova es profesora titular de griego y gramática española en SETECA. Y esa experiencia y pasión se vierten en la presente publicación: *Una comparación del aspecto verbal entre el griego koiné y el español*. Una investigación que disfrutará todo estudiante que quiera profundizar sus conocimientos del griego y la exégesis.

En el periodo de estudios del posgrado fundamos, entre varios compañeros, la Sociedad Latinoamericana para las Ciencias Bíblicas (SOLACIB). Y los años 2013, 2015 y 2016 se organizaron ponencias de ciencias bíblicas en las instalaciones de SETECA. Y tres de los miembros fundadores lograron publicar sus investigaciones: Abner B. Bartolo H., *Profecías contra Edom: Un estudio exegético de las profecías antiedomitas de Abdías y otros libros proféticos* (Publicaciones Kerigma, 2019); Wilnick Moïse, *Semántica de la conjugación verbal Pi'el en el hebreo bíblico: Ensayo en el libro de Jueces* (Publicaciones Kerigma, 2020); y ahora se suma Karina A. Casanova, *Una comparación del aspecto verbal entre el griego koiné y el español* (Publicaciones Kerigma, 2020). Para Publicaciones Kerigma es un placer publicar libros desde y para América Latina. Y como se señalaba en las reuniones de SOLACIB: Los biblistas latinoamericanos no podemos quedarnos rezagados ante nuestros colegas de Estados Unidos y Europa. Y una de las misiones de Publicaciones Kerigma es publicar libros para el crecimiento académico del pueblo de Dios de habla hispana.

En los últimos años se publicaron varios libros que incluyen importantes aportes en relación al aspecto verbal del griego bíblico: Buist M. Fanning, *Verbal Aspect in New Testament* (Clarendon Press, 1990); Stanley E. Porter, *Verbal Aspect in the Greek of the New Testament, with Reference to Tense and Mood* (Peter Lang,

1993); Constantine R. Campbell, *Verbal Aspect, the Indicative Mood, and Narrative* (Peter Lang, 2007); *Verbal Aspect and Non-Indicative Verbs* (Peter Lang, 2008); *Basics of Verbal Aspect in Biblical Greek* (Zondervan, 2008); David Mathewson, *Verbal Aspect in the Book of Revelation* (Brill, 2010); Wally V. Cirafesi, *Verbal Aspect in Synoptic Parallels* (Brill, 2013); Andreas J. Köstenberger, Benjamin L. Merkle, y Robert L. Plummer, *Going Deeper with New Testament Greek: An Intermediate Study of the Grammar and Syntax of the New Testament* (B&H Academic, 2016); Steven E. Runge y Christopher J. Fresch (ed.), *The Geek Verb Revisited: A fresh Approach for Biblical Exegesis* (Lexham Press, 2016). Y el libro que tiene el mismo propósito expuesto por la profesora Karina A. Casanova fue escrito por Toshikazu S. Foley, *Biblical Translation in Chinese and Greek: Verbal Aspect in Theory and Practice* (Brill, 2009). Sin embargo, todos aquellos recursos están escritos en inglés. En el idioma de Cervantes no existe ninguna obra dedicada a la comparación del aspecto verbal entre el griego koiné y el español. La excelente obra de Karina suplirá ese vacío. Y yo espero que muchos otros latinoamericanos se inspiren y se aventuren a profundizar en estos y otros tópicos para el bien de las ciencias bíblicas.

Como profesor de idiomas bíblicos y exégesis recomiendo la presente obra para los profesores de griego, estudiantes de licenciatura y maestría, traductores bíblicos y pastores que quieran "usar bien la palabra de verdad".

Abner B. Bartolo H.
Magíster Theologiae en Biblia (SETECA y la Universidad San Pablo de Guatemala). Profesor de ciencias bíblicas y teológicas en la Universidad Filadelfia de México. Editor adjunto de Publicaciones Kerigma.

PRÓLOGO

Los estudios sobre el aspecto verbal y sus implicaciones en el campo de los idiomas bíblicos siguen creciendo. Tanto en estudios de hebreo y arameo, como griego bíblico ahora se incluyen discusiones o actualizaciones que toman en cuenta el aspecto verbal. Así lo demuestra, solo por nombrar un par de obras recientes, el excelente trabajo de Benjamin J. Noonan, *Advances in the Study of Biblical Hebrew and Aramaic: New Insights for Reading the Old Testament.* Grand Rapids: Zondervan Academic, 2020. El autor dedica un capítulo completo a discutir el tema de aspecto verbal en el hebreo y arameo bíblico. En esa misma línea, Andreas J. Köstenberger, Benjamin L. Merkle, y Robert L. Plummer, *Going Deeper with New Testament Greek: An Intermediate Study of the Grammar and Syntax of the New Testament.* Nashville: B&H Academic, 2016, enfocan la sintaxis del verbo griego desde esta perspectiva. En esa línea, este aporte de Karina A. Casanova viene a brindar una luz en la conversación que avanza lentamente en español. Ella, con una buena calidad investigativa, estudia el debate en el mundo de los estudios del griego bíblico. Aborda los asuntos candentes y con ponderación los evalúa. Luego hace un análisis similar en las discusiones de la lengua hispana. Su aporte mayor está en el estudio comparativo de ambos idiomas.

Muchos equipos de traducción bíblica han seguido trabajando desde modelos de *Aktionsart* sin sopesar directamente los impactos que tendría potencialmente una actualización de procesos que incluyan la teoría de aspecto. En ese sentido, este libro plantea un cambio de paradigma. Karina A. Casanova se aventura a entrar en una tierra indómita, y lo hace con valentía. Propone que en la traducción bíblica, entre otras consideraciones, se debe buscar equivalentes aspectuales entre la lengua fuente y la lengua de destino. De esa manera se preserva la fuerza ilocutiva del discurso en el idioma fuente, o como ella lo plantea, "mantener la visión que el autor original quiso utilizar al retratar un evento o acción". Este es un aporte inédito y digno de tomar con prontitud.

También, la biblista Karina A. Casanova muestra los resultados y aplicabilidad concreta de sus observaciones, con un estudio exegético en dos géneros literarios. El trabajo en Juan 7:25-31 muestra cómo el autor bíblico escoge las distintas formas verbales para dibujar un mapa en relieve que guía al lector hacia los asuntos que él quiere destacar. Se resalta el aspecto perfectivo para describir globalmente la escena. El imperfectivo se reserva para darle movimiento interno a la escena y centrar la atención en los discursos de los personajes de la narrativa. Por su parte, el estudio en Romanos 8:1-8 muestra que el autor usa el aspecto perfectivo para describir la acción divina, mientras que el imperfectivo para describir la acción humana. De esa manera, el autor centra su atención en lo que los seres humanos hacen ante ese actuar divino. Ambos estudios le llevan a concluir que los autores bíblicos escogen los tiempos verbales no solo reflejando su idiolecto, sino de manera particular, para mostrar sus énfasis teológicos.

Este libro no pretende agotar el tema. Hay mucho por hacer, y Karina lo tiene claro. Plantea buenos retos que quizás el o la lectora de este libro se anime a tomar. Las bases están puestas para un fructífero estudio comparativo de los idiomas bíblicos y el español. También queda la puerta abierta para seguir este ejemplo y explorar el fenómeno en los cientos de idiomas americanos en los cuales se sigue trabajando. La aventura comienza.

Así que, con ese espíritu de investigación, invito a cada persona que se acerca a este libro a que lo disfrute, y al mismo tiempo, que su lectura la haga reflexionar en las implicaciones que se desprenden para la interpretación bíblica. Otros factores también están copando la agenda hermenéutica latinoamericana, sin duda, pero eso no debe en ninguna manera opacar la urgencia de la consideración de los aportes que la teoría de aspecto verbal trae. En ese sentido, esta reflexión fresca al tema es una semilla que germinará en estudios y aplicaciones posteriores.

Dr. Nelson Morales Fredes
Ph.D. en Nuevo Testamento (Trinity Evangelical Divinity School), Profesor de Griego y Exégesis, Seminario Teológico Centroamericano.

CAPÍTULO 1

INTRODUCCIÓN

1.1 Planteamiento del problema

El aspecto verbal ha sido uno de los temas que, últimamente, ha despertado mayor interés entre los eruditos de la gramática griega y la interpretación del Nuevo Testamento. Tradicionalmente, los gramáticos griegos se habían preocupado acerca del tema en grados diferentes considerando la forma verbal como único factor de aspecto.[1] Pero, ya en el periodo helenístico, los griegos estoicos[2] y, mucho más tarde, en 1887 el lingüista alemán Georg Curtius,[3] comenzaron a diferenciar entre tiempo y aspecto.[4]

Luego, casi noventa años después, en 1976 el británico Bernard Comrie escribió *Aspect: An Introduction to the Study of Verbal Aspect and Related Problems,*[5] y en 1977 el jesuita español Juan Mateos[6]

---

[1] Juan Mateos, *El aspecto verbal en el Nuevo Testamento*, Estudios de Nuevo Testamento 1 (Madrid: Cristiandad, 1977), 17.

[2] John Lyons, *Introduction to Theoretical Linguistics* (Cambridge: Cambridge University Press, 1969), 313, citado en Lucía Tobón de Castro y Jaime Rodríguez Rondón, "Algunas consideraciones sobre el aspecto verbal en español", *Thesaurus* XXXIX/1 (1974): 35.

[3] Nacido en 1828 y fallecido en 1885, algunas de sus obras cortas fueron editadas después de su muerte por Ernst Windisch como *Kleine Schriften von E. Curtius* (1886-1887). Curtius fue hermano del famoso historiador y arqueólogo Ernst Curtius y autor de *Gramática griega clásica* (1852) y de *Principios de etimología griega* (1879), obras que marcaron un hito en el desarrollo de la lingüística indoeuropea. Montserrat Veyrat-Rigat, "El aspecto verbal" en *Aspecto, perífrasis y auxiliación: un enfoque perceptivo* (1993), http://www.academia.edu/188648/Aspecto_Perifrasis_y_Auxiliacion_un_enfoque_perceptivo._Cap._1_El_aspecto_verbal (consultado el 30 de octubre de 2013).

[4] Georg Curtius, *Gramática griega elemental* (Madrid: Estudio Tipográfico de Ricardo Fé, 1887), citado en ibíd.

[5] Bernard Comrie, *Aspect: An Introduction to the Study of Verbal Aspect and Related Problems* (Cambridge: Cambridge University Press, 1976).

[6] Juan Mateos Álvarez, Jesuita español nacido en 1917, profesor emérito del Pontificio Instituto Oriental de Roma, fue traductor junto con Luis Alonso Schökel, de la *Nueva Biblia Española*. Ha escrito tres de los mejores y más sugerentes comentarios a nivel internacional de los evangelios de Mateo, Marcos y Juan, llenos de novedades

escribió *El aspecto verbal en el Nuevo Testamento,* expresando lo siguiente: "la correcta interpretación del aspecto verbal es de primera importancia para la exégesis, pues el sentido de un pasaje puede cambiar según el aspecto que se atribuya a las formas verbales que en él aparecen".[7]

Luego, más tarde, Kenneth McKay en 1994 escribió *A New Syntax of the Verb in New Testament Greek: An Aspectual Approach,*[8] afirmando que, hasta ese momento, el aspecto verbal había sido entendido inadecuadamente por la mayoría de los gramáticos del griego bíblico. Pero, sus ideas no recibieron la atención adecuada, hasta que Fanning, Porter, Decker, Carson y Campbell, entre otros, retomaron el tema seriamente. Especialmente, Porter fue el responsable de provocar una fuerte reacción entre los exégetas del Nuevo Testamento, haciendo notar la imperante importancia que se le debía dar al tema. En su obra publicada en el 2003, *Verbal Aspect in the Greek of New Testament with Reference to Tense and Mood,*[9] proporcionó un revolucionario modelo lingüístico para explicar el sistema de los tiempos verbales en griego. Pero, como todo tema nuevo, basados en estudios modernos de lingüísticas del siglo XX, provocó muchas diferencias de opinión entre los gramáticos tradicionales, los cuales, actualmente, siguen en desacuerdo en cuanto a su presencia, importancia y funcionalidad.

Pero no sólo entre los estudiosos del griego del Nuevo Testamento se halla estas diferencias de opiniones. También en el idioma español, la Real Academia Española ha publicado que, actualmente, "constituye una polémica tradicional no resuelta la presencia que debe otorgarse en español a la noción de *aspecto*".[10]

Por tanto, se cree oportuno y útil brindar un estudio abarcador respecto a la funcionalidad del aspecto verbal griego y español, ya que, como dice Mateos, "No pocas aporías en el análisis de textos se deben a la falta de criterios eficaces para determinar con exactitud los valores

---

interpretativas, que brillan por su solidez filológica y por su originalidad. http://webs.ono.com/pag1/mellis/magazn11.htm (consultado el 11 de noviembre de 2013).

[7] Mateos, *El aspecto verbal*, 15.

[8] Kenneth L. McKay, *A New Syntax of the Verb in New Testament Greek: An Aspectual Approach* (Nueva York: Peter Lang, 1994).

[9] Stanley Porter, *Verbal Aspect in the Greek of New Testament with Reference to Tense and Mood* (Nueva York: Peter Lang, 2003).

[10] Real Academia Española, *Morfología y Sintaxis I*, volumen 1 de *Nueva gramática de la lengua española* (Madrid: Libros Espasa, 2009), 23.2c.

1. Introducción

aspectuales".[11] Así que, la presente investigación brinda un estudio comparativo de la funcionalidad del aspecto verbal en el idioma griego koiné y en el español. Y luego, se integran los datos obtenidos para observar las similitudes y diferencias entre el aspecto verbal de ambos idiomas, con el fin de arribar a criterios coherentes que permitan evaluar dicha propiedad y así llegar a una exégesis más acertada del texto del Nuevo Testamento. Para la aplicación de los datos obtenidos, se pone bajo estudio dos pasajes del Nuevo Testamento, uno de género narrativo, y el otro, epistolar. Y para culminar el trabajo, se presenta una conclusión con algunas recomendaciones para futuras investigaciones.

1.2 Objetivos

El objetivo general de este trabajo de investigación es realizar un estudio comparativo del aspecto verbal entre el griego koiné y el español, que permita profundizar en el conocimiento de su funcionalidad y proporcionar criterios coherentes que permitan una exégesis más acertada del texto de Nuevo Testamento.

Los objetivos específicos de este estudio son los siguientes. Primero, estudiar el aspecto verbal en el texto griego del Nuevo Testamento buscando entender su funcionalidad a la luz de su historia y, especialmente, de las investigaciones actuales. Segundo, profundizar en el estudio del aspecto verbal del idioma español por medio de los estudios realizados por los eruditos en el tema, con el propósito de demostrar que el reconocimiento del "aspecto es necesario para la correcta comprensión del funcionamiento del sistema verbal español".[12] Tercero, integrar los datos obtenidos de ambos aspectos verbales para conocer las similitudes y diferencias, y sus implicaciones para la exégesis bíblica. Cuarto, aplicar los resultados de dicha integración a dos pasajes del Nuevo Testamento, uno narrativo proveniente del evangelio según Juan, y uno epistolar, de la carta de Pablo a los Romanos.

---

[11] Mateos, *El aspecto verbal*, 15.
[12] Luis García Fernández, *El aspecto gramatical en la conjugación* (Madrid: Arco Libros, 1998), 7.

1.3 Justificación

El tema de aspecto verbal se comenzó a estudiar desde la antigüedad, pero nunca ha habido un acuerdo acerca de su naturaleza y definición.[13] Tradicionalmente la opinión predominante entre los eruditos de griego era que el significado principal de los tiempos verbales denotaba un tipo de acción, a menudo llamado *Aktionsart*. La mayoría de los textos tradicionales de gramática griega expresan que el presente y el imperfecto indican acción lineal; mientras que el aoristo, una acción puntual; y el perfecto, una acción en el pasado con repercusiones o resultados en el presente. También, se creía que representaba tiempo cronológico. Pero los estudios más recientes de lingüística de las lenguas indoeuropeas han arrojado luz sobre este significado y, el nuevo punto de vista es que los tiempos verbales denotan aspecto verbal en lugar de tipo de acción o tiempo cronológico.

Por lo tanto, para la exégesis del Nuevo Testamento es de suma importancia una investigación del tema de la teoría de aspecto verbal para una interpretación más acertada del texto bíblico. También, se cree oportuna y pertinente la investigación de este tema como una herramienta para futuros profesores de griego. Y también puede servir para instruir a aquellos que aprendieron griego bajo el sistema tradicional, el cual no brindaba la debida importancia al aspecto verbal.

1.4 Preguntas de investigación

Las preguntas que dirigen el curso de la presente investigación son las que se expresan a continuación. ¿Cómo funciona el aspecto verbal en el idioma griego koiné y cómo en el español? ¿Cuáles son sus similitudes y diferencias? ¿Qué implicaciones tiene lo anterior para la exégesis del texto del Nuevo Testamento?

1.5 Limitaciones y Delimitaciones

El estudio de un tema específico puede presentar varias limitaciones para llevarse a cabo. En el presente trabajo se han visualizado dos. La primera limitante es en cuanto al tema que se investiga. Tanto en griego koiné como en español, el tema de aspecto

---

[13] Mateos, *El aspecto verbal*, 15.

1. Introducción

verbal todavía no ha sido desarrollado completamente en la actualidad. Aunque se ha comenzado un estudio serio y algunos eruditos ya están escribiendo respecto al tema, existen muchas opiniones diferentes en cuanto a sus implicaciones. La segunda limitante es que se ha observado que algunos libros referentes al aspecto verbal del griego koiné presentan un lenguaje técnico y con mucha información especializada, lo cual hace difícil su comprensión.

Luego, como en todo proyecto de investigación y para realizar un estudio serio y profundo, se ha propuesto la siguiente delimitación. En el Nuevo Testamento se encuentran varios géneros literarios. Pero por razones de espacio y tiempo, en esta investigación se aplicarán los resultados obtenidos en cuanto a similitudes y diferencias, solamente a dos pasajes, uno narrativo proveniente del evangelio de Juan, y otro epistolar, de la carta de Pablo a los Romanos.

1.6 Metodología de la Investigación y breve descripción de cada capítulo

El presente trabajo es una investigación técnica que a través del método bibliográfico de los estudios actuales de los eruditos en el tema, brinda un estudio comparativo de la funcionalidad del aspecto verbal en el idioma griego koiné y en el español. En el primer capítulo se trata los asuntos introductorios que dan fundamento al proyecto. Se inicia con el planteamiento del problema, dando la descripción del tema de investigación, los objetivos que se desean alcanzar y su justificación. Luego se presentan las preguntas de investigación, así como también las limitaciones y delimitaciones, y la metodología a utilizar. En el segundo capítulo, se presenta un estudio bibliográfico referente a la funcionalidad del aspecto verbal en el griego koiné, dando un breve panorama de las discusiones sobre gramática griega desde la antigüedad hasta el presente. Y luego, una descripción de la teoría del aspecto verbal y las diferentes clasificaciones que los eruditos presentan acerca del tema.

En el tercer capítulo se estudia la funcionalidad del aspecto verbal español, presentando las nociones de aspecto dada por los eruditos y las diferentes distinciones del comportamiento aspectual de las formas verbales. A partir de la información recabada en los capítulos anteriores, el cuarto capítulo integra los datos obtenidos de los aspectos verbales de ambos idiomas, buscando reconocer similitudes y diferencias, y presentando las posibles implicaciones para una exégesis bíblica más acertada.

En el quinto capítulo, se aplica los resultados de integración descrita en el capítulo cuatro, a dos pasajes del Nuevo Testamento, uno narrativo proveniente del evangelio según Juan, y uno epistolar, de la carta de Pablo a los Romanos. Por último, en el sexto capítulo como conclusión de la investigación, se presenta las implicaciones exegético-teológicas que aporta la teoría del aspecto verbal y algunas recomendaciones para futuras investigaciones acerca del tema. Además, se brinda un apéndice con el índice de textos bíblicos que se citan a lo largo del trabajo.

CAPÍTULO 2

FUNCIONALIDAD DEL ASPECTO VERBAL EN EL IDIOMA GRIEGO KOINÉ

2.1 Introducción

A pesar de que los gramáticos griegos han reconocido desde hace mucho tiempo la existencia del aspecto en el sistema verbal, no ha habido un verdadero acuerdo acerca de su naturaleza y su definición.[1] Pero, a finales del siglo diecinueve, a raíz de las discusiones acerca de la cuestión aspectual en las lenguas indo-europeas ha surgido entre los eruditos del griego koiné un marcado interés por definir claramente qué es y cómo funciona el aspecto verbal en este idioma en particular.[2]

Por lo tanto, la pregunta que dirige el presente capítulo es, ¿cómo funciona el aspecto verbal en el idioma griego koiné? Para responder a esta interrogante, se presenta una definición de términos clave y, luego, un estudio bibliográfico referente a la funcionalidad del aspecto verbal en dicho idioma dando un breve panorama de las discusiones sobre el tema en las gramáticas griegas desde la antigüedad hasta el presente. Además, se brinda una descripción de la teoría del aspecto verbal y las diferentes clasificaciones que los eruditos han presentado acerca de la misma.

2.2 Definición de términos clave

A lo largo del presente trabajo de investigación se estará usando algunos términos clave referentes al tema de aspecto verbal. Por lo tanto, a continuación se presenta una breve descripción de los mismos.

---

[1] Juan Mateos, *El aspecto verbal en el Nuevo Testamento*, Estudios de Nuevo Testamento 1 (Madrid: Cristiandad, 1977), 15.

[2] Constantine R. Campbell, *Basics of Verbal Aspect in Biblical Greek* (Grand Rapids: Zondervan, 2008), 27.

2.2.1 Lexema

El lexema es una parte de una palabra que constituye la unidad mínima y se puede decir que es la raíz de esta misma (monema) con significado léxico. Existen tres tipos de lexemas verbales. Primero, el lexema verbal transitivo, el cual es transitivo si la acción se realiza a o sobre un objeto. Por lo tanto, este necesita de un objeto para tener sentido completo, debe haber algún tipo de cambio del sujeto al objeto.[3] Dentro de la categoría de transitivos, existe una subcategoría llamada puntual. La misma se realiza sobre un objeto, es instantánea y se puede repetir.[4]

Segundo, el lexema verbal intransitivo es aquél que no requiere de un objeto o no realizar una acción sobre él. La acción se lleva a cabo por un sujeto, pero no se hace nada para/sobre nada ni nadie.[5] Dentro de la categoría de intransitivos, existe una subcategoría llamada estativa, la cual no se realiza sobre un objeto sino que describe un estado del ser.[6] Y tercero, el lexema verbal ambitransitivo que puede ser transitivo o intransitivo dependiendo del contexto.[7]

2.2.2 Semántica

Es el estudio del significado, sentido o interpretación de signos lingüísticos como símbolos, palabras, expresiones o representaciones formales dentro de un idioma en particular. Dicho estudio puede realizarse en un determinado momento (estudio sincrónico) o en distintas fases de su evolución (estudio diacrónico). En el significado, existen dos clases de valores, el denotativo y el connotativo. El primer valor se refiere al significado primario u original de una palabra que se halla desvinculado de cualquier significado secundario. El segundo es

---

[3] Algunos ejemplos de lexemas verbales griegos transitivos son, ποιέω (hacer), εὑρίσκω (encontrar), ἐγείρω (levantar), λαμβάνω (recibir), ζητέω (buscar). Campbell, *Basics of Verbal Aspect*, 55 y 59.

[4] Algunos ejemplos de lexemas verbales griegos transitivos puntuales son, βάλλω (lanzar, arrojar), τύπτω (golpear). Ibíd., 59.

[5] Algunos ejemplos de lexemas verbales griegos intransitivos son, ἐγγίζω (acercarse), καθίζω (sentarse), καθεύδω (dormirse), ἀκολουθέω (seguir). Ibíd., 59.

[6] Algunos ejemplos de intransitivos estativos son, εἰμί (ser, estar), ζάω (vivir), θέλω (desear), βούλομαι (querer). Ibíd., 59.

[7] Algunos ejemplos de lexemas verbales griegos ambitransitivos son, ἐσθίω (comer), ὁράω (ver), βλέπω (ver, mirar), ἀκούω (escuchar), ἀγαπάω (amar). Ibíd., 56-57.

2. Funcionalidad del aspecto verbal en el idioma griego koiné

el significado secundario que se añade al significado original debido a factores sociales, regionales, religiosos, etc.[8]

2.2.3 Pragmática

Se refiere al campo de la lingüística que por medio de las circunstancias y el contexto ayudan a decidir entre alternativas de uso o interpretación de términos; es lo inferencial del lenguaje que hace que para entender necesitamos no solo la frase, sino el contexto en que se dice. Entonces, gracias a la pragmática, el lenguaje puede ser usado con fines humorísticos o irónicos. Y además, se reduce la ambigüedad de las expresiones, seleccionando solo un conjunto adecuado de interpretaciones en un determinado contexto. Es decir, los valores pragmáticos pueden cambiar según el contexto.[9]

2.2.4 Modo verbal

Los modos verbales son las diversas formas en que la acción del verbo puede expresarse, o sea que, gramaticalizan la actitud del que habla o escribe respecto a la acción o estado enunciado. El modo verbal pone de manifiesto en la conjugación la actitud que tiene el que habla o escribe hacia la relación entre la acción verbal y la realidad. Así, el modo se usa para *retratar* una afirmación con respecto a la certeza de la acción del verbo o estado, o sea, si la acción o el estado es cierto o potencial. El modo no se corresponde directamente con la realidad, sino que es una presentación de una afirmación en cuanto a la certeza del verbo.[10] También, "expresa la dependencia formal de algunas oraciones subordinadas respecto de las clases de palabras que las seleccionan o de

---

[8] Un ejemplo de significado denotado y connotado sería, "Se cortó la cara (rostro)" y "Sacó la cara por mí (me defendió)", respectivamente. Otro ejemplo es la palabra "perro" que hace referencia a un animal de la familia canina; es decir, es el significado denotativo (que se anota en el diccionario), que es el código explícito de un idioma. Pero esta misma palabra cuando se aplica a una persona adquiere un valor connotativo y significa "persona despreciable". Luego, si ese valor connotativo se vuelve muy frecuente entre los de un mismo habla, entonces se fija en los diccionarios como un segundo significado; es decir, un significado connotativo se ha lexicalizado para dar lugar a una palabra con dos valores denotativos. "Perro", *Diccionario de la Real Academia Española*, http://lema.rae.es/drae/srv/search? key=perro (19 de marzo de 2015).

[9] Campbell, *Basics of Verbal Aspect*, 56-57.

[10] Daniel Wallace y Daniel Steffen, *Gramática griega: Sintaxis del Nuevo Testamento* (Miami: Vida, 2011), 318.

los entornos sintácticos en los que aparecen".[11] Respecto al modo de los verbos griegos, Stanley Porter opina lo siguiente.

> El modo indicativo se utiliza para las oraciones aseverativas, *o sea, para afirmar o negar algo del sujeto* (definición agregada). Mientras que los modos no indicativos gramaticalizan una variedad de actitudes relacionadas, teniendo en común que ninguna de ellas afirma la realidad, sino que, simplemente gramaticalizan la actitud del que habla relacionada con la expresión de la voluntad (o de lo afectivo). Dentro de los no indicativos, se encuentra el modo imperativo, el cual gramaticaliza dirección; el modo subjuntivo, que gramaticaliza proyección; y el optativo, que gramaticaliza proyección y contingencia.[12]

Entonces, el modo indicativo se usa para aseverar o cuestionar lo que el que habla o escribe asume como realidad. Y, los tres modos no indicativos expresan de alguna manera un deseo, un anhelo de quien habla o escribe. "Por eso pareciera que hablan del futuro".[13] Por su parte, el subjuntivo "es una forma distintiva del idioma español. Tiene varias combinaciones de tiempo y modo para expresar una gama de ideas y certidumbre respecto a la realidad. Pero en griego es un poco más limitado".[14] El autor escoge este modo para presentar una proyección de su pensamiento respecto a una acción. También existen formas verbales no modales. En español, son el infinitivo, el participio y el gerundio. Pero en griego solo existen dos: el infinitivo y el participio.[15] En cuanto a sus usos, se mostrará más adelante.

2.2.5 Tiempo verbal/Tiempo cronológico

En inglés, el término "tense" o "tense-form" es equivalente al español, "tiempo verbal" o "formas de tiempo". Este es subjetivo y no

---

[11] Real Academia Española y Asociación de Academias de la Lengua Española, *Nueva gramática de la lengua española: Manual* (Madrid: Espasa, 2010), 1.3.1c.

[12] Stanley E. Porter, *Verbal Aspect in the Greek of New Testament with Reference to Tense and Mood* (Nueva York: Peter Lang, 2003), 165-66.

[13] Anita Henriques, Nelson Morales y Daniel Steffen, *Introducción al griego bíblico* (Miami: Vida, 2015), 266.

[14] Ibíd., 140.

[15] Ibíd., 35.

refleja el tiempo cronológico. Se refiere a la parte morfológica del verbo por medio de la cual refleja los cambios de tiempo verbal, además de modo, voz, persona y número. En griego existen seis formas de tiempo verbal: presente, imperfecto, futuro, aoristo, perfecto y pluscuamperfecto.[16] En cuanto a la frecuencia del uso de estos tiempos verbales, Wallace y Steffen brindan la siguiente tabla.[17]

	Aor	Pres	Impf	Fut	Perf	Pluscpf	Total
Ind	5875	5526	1682	1606	835	86	15610
Partp	2285	3688		12	673		6658
Inf	1241	995		5	49		2290
Subj	1387	460			10		1857
Impv	761	860			4		1625
Opt	45	23					68
Total	11594	11552	1682	1623	1571	86	28108

Tabla 2.1: Frecuencia de uso de tiempos verbales en el griego koiné

Por otro lado, la referencia temporal no es semántica sino pragmática ya que, por ejemplo, el aoristo no siempre es una referencia pasada. Por eso, algunos idiomas para indicar un periodo de tiempo usan marcadores deícticos (por ejemplo, χθές "ayer", νῦν "ahora", ἐν ταῖς ἡμέραις ταύταις "en esos días", etc.[18] La siguiente tabla resume la relación entre los tiempos verbales y su referente temporal.[19]

Tiempo verbal	Referencia temporal
Aoristo	En indicativo, generalmente indica una acción pasada. En los otros modos no denota tiempo cronológico.
Presente	En indicativo, usualmente denota tiempo presente, pero en algunos casos podría referirse al pasado o al futuro. En los otros modos no denota tiempo cronológico.

---

[16] Andrew David Naselli, "A Brief Introduction to Verbal Aspect in New Testament Greek", *Detroit Baptist Seminary Journal* 12 (2007), http://www.dbts.edu/journals/2007/Naselli2007.pdf (consultado el 20 de octubre de 2014).

[17] Los valores sumatorios de la tabla fueron corregidos por la autora de este trabajo de investigación porque los que presenta el libro son erróneos. Wallace y Steffen, *Gramática griega*, 374.

[18] Rodney J. Decker, "Verbal Aspect in Recent Debate: Objections to Porter's Non-Temporal View of the Verb", 30 de marzo de 2001, http://ntresources.com/blog/documents/PorterObj.pdf (26 de enero de 2015).

[19] Datos extraídos de Henriques, Morales y Steffen, *Introducción al griego bíblico*, 16, 48, 96, 105, 189-90.

Imperfecto	Solo aparece en indicativo y su referente temporal es pasado.
Perfecto	En indicativo, frecuentemente indica una referencia temporal presente, aunque también puede indicar un tiempo pasado.
Pluscuamperfecto	Solo aparece en indicativo e indica un tiempo pasado.
Futuro	Generalmente denota un tiempo futuro.

Tabla 2.2: Tiempos verbales griegos y su referente temporal

Respecto al tiempo verbal y el tiempo cronológico en participios, Henriques, Morales y Steffen, opinan lo siguiente:

> El tiempo verbal griego no está vinculado directamente al tiempo cronológico, sino que, comunica el aspecto verbal. Para detectar el tiempo cronológico, es necesario observar otros detalles del contexto. Esto es muy marcado en los participios. El tiempo cronológico de los participios con función verbal está totalmente definido por su relación con el verbo principal de la oración que modifican, en particular con su tiempo verbal.[20]

Estos mismos autores opinan que la posición del participio adverbial respecto al verbo principal de la oración, será uno de los factores importantes para definir el tiempo cronológico de un participio. La siguiente tabla lo resume.[21]

Posición del participio adverbial respecto al verbo principal	Relación temporal que expresa
Un participio ubicado antes del verbo principal.	Suele expresar una acción o estado previo a la de este.
Un participio ubicado después del verbo al que modifica.	Suele reflejar una acción o estado simultáneo o posterior a la de este.

Tabla 2.3: Relación temporal expresada en la posición del participio adverbial respecto al verbo principal

Además de la posición del participio, existe otro factor que ayudará a detectar el tiempo cronológico del mismo, este es el tiempo

---

[20] Ibíd., 205-06.
[21] Ibíd., 206.

verbal tanto del participio como del verbo principal. Wallace y Steffen presentan la siguiente información al respecto.[22]

Tiempo verbal del participio	Tiempo verbal del verbo principal	Relación temporal del participio respecto al verbo principal
Aoristo	Presente	Antecedente
Perfecto	Cualquiera	Antecedente
Aoristo	Aoristo	Simultánea
Presente	Cualquiera	Simultánea
Futuro	Cualquiera	Subsecuente

Tabla 2.4: Relación temporal de los participios adverbiales respecto al verbo principal

En cuando al participio perifrástico, su tiempo verbal dependerá de la combinación con el verbo finito. Al respecto, Wallace y Steffen presentan la siguiente tabla.[23]

Tiempo verbal del verbo finito	+	Tiempo verbal del participio	=	Tiempo verbal de la perífrasis verbal
Presente	+	Presente	=	Presente
Imperfecto	+	Presente	=	Imperfecto
Futuro	+	Presente	=	Futuro
Presente	+	Perfecto	=	Perfecto
Imperfecto	+	Perfecto	=	Pluscuamperfecto

Tabla 2.5: Tiempo verbal de las perífrasis verbales

2.2.6 *Aktionsart*

Este término significa "tipo o modo de acción". Existen varias opiniones respecto al precursor de este término. La primera opinión es que en 1880 Georg Curtius acuñó el nombre *Zeitart* (tipo de tiempo) que luego fue reemplazado por *Aktionsart* (tipo de acción), para describir el tiempo en términos puntual y durativo.[24] Una segunda

---

[22] Wallace y Steffen, *Gramática griega,* 478-481.
[23] Ibíd., 502.
[24] Georg Curtius, *The Greek Verb: Its Structure and Development* (Londres: John Murray, 1880), citado en Campbell, *Basics of Verbal Aspect*, 27, n. 2.

opinión afirma que fue introducido en 1891 por Wilhelm Streitberg con la intención de crear un vocablo técnico para el aspecto.[25] Y, una tercera opinión, afirma que fue Gustav Herbig en 1896 quien propuso ese nombre para señalar el modo de acción.[26]

Este término nace de la observación de las formas verbales en las lenguas eslavas, las cuales por medio de la presencia de parejas de verbos, manifiestan el aspecto o la manera de ver la acción, o sea, perfectivo o imperfectivo. Pero además, este concepto puede referirse (en las lenguas eslavas) al modo de acción, ya sea, puntual, instantánea, momentánea, durativa, iterativa (se repite una y otra vez), ingresiva o incoativa (enfocada en el comienzo, por ejemplo, "amanecer"). Dichos modos de acción luego fueron traducidos como *Aktionsarten*.[27] Esta característica conceptual y terminológica trajo confusión entre los gramáticos, la cual se explicará más adelante. Dando una definición general, se puede decir que esta categoría describe cómo una acción se lleva a cabo[28] y es un valor pragmático, o sea, puede cambiar, por ejemplo, el *Aktionsart* de un aoristo podrá ser puntual, iterativo o ingresivo. Todo depende de cuál lexema se use, y además, tendrá que ver el contexto donde ocurrió realmente el hecho.[29]

2.2.7 Aspecto verbal

Las lenguas provenientes del indoeuropeo, o sea, la mayoría de las lenguas de Europa y Asia meridional, cuentan con una categoría llamada "aspecto verbal", la cual se define como una consideración o

---

[25] Wilhelm Streitberg, "Perfective und imperfective actionsart [sic] im Germanischen: Einleitung und 1. Teil: Gotisch", *Beiträge zur Geschichte der deutschen Sprache und Literatur 15* (1891): 70-177, citado en Robert I. Binnick, *Time and the Verb. A Guide to Tense and Aspect* (Oxford: Oxford University Press, 1991), 142-44.

[26] Gustav Herbing, "Aktionsart und Zeitstufe. Beiträge zur Funktionslehre des Indogermanischen Verbums", *Indogermanische Forschungen* 6 (1896): 137-269, citado en Milagros Fernández Pérez, "Sobre la distinción Aspecto vs. *Aktionsart*", *Estudios de Lingüística de la Universidad de Alicante* 9 (1993): 225.

[27] Montserrat Veyrat-Rigat, "El aspecto verbal" en *Aspecto, perífrasis y auxiliación: un enfoque perceptivo* (1993), http://www.academia.edu/188648/Aspecto_Perifrasis_y_Auxiliacion_un_enfoque_ perceptivo._Cap._1_El_aspecto_verbal (consultado el 30 de octubre de 2013).

[28] Rodney J. Decker, *Temporal Deixis of the Greek Verb in the Gospel of Mark with Reference to Verbal Aspect* (Nueva York: Peter Lang, 2001), 6.

[29] Campbell, *Basics of Verbal Aspect*, 23.

2. Funcionalidad del aspecto verbal en el idioma griego koiné

punto de vista de un autor respecto a una acción, evento o estado.[30] Respecto a su origen y desarrollo, la Real Academia Española expresa lo siguiente.

> Las lenguas indoeuropeas antiguas como el latín, el griego o el protogermánico tenían formas particulares de raíz verbal para indicar el aspecto. Esto parece remontarse al indoeuropeo clásico, donde habrían existido diversas formas de raíz para cada aspecto, y las marcas de tiempo se sufijaban entonces a dicha raíz marcada según el aspecto.[31]

En griego, aspecto verbal es una categoría semántica sintética, o sea, que se entiende por medio de las variaciones morfológicas de los verbos.[32] Y además, es un valor que no cambia, por ejemplo, aoristo siempre será perfectivo en aspecto sin importar el lexema (palabra o término) o en qué contexto se use.[33]

En el presente estudio se seguirá la opinión de Campbell aceptando dos tipos de aspecto verbal (perfectivo e imperfectivo, salvo para el tiempo futuro que se seguirá la opinión de Porter, el cual lo designa como aspectualmente vago).[34] Cabe decir que algunos sugieren un tercer aspecto llamado estativo,[35] el cual según McKay se refiere al estado del sujeto, y según Porter, al de la situación. Pero Campbell opina que no existe tal aspecto estativo, sino que las definiciones del mismo bien caben como una categoría *Aktionsart* describiendo un tipo de acción.

---

[30] Ibíd., 19.
[31] En español, como en las demás lenguas románicas, y algunas lenguas germánicas occidentales, la forma de marcar el aspecto perfecto es mediante un verbo auxiliar que usualmente es "haber" o "ser". Esta manera de marcar el aspecto es una innovación surgida en el latín tardío que parece haberse extendido a algunas lenguas germánicas de la Europa occidental, como el inglés o el alemán. "Aspecto gramatical", *DRAE*.
[32] Campbell, *Basics of Verbal Aspect*, 20.
[33] Ibíd., 23; Naselli, "A Brief Introduction to Verbal Aspect".
[34] Porter, *Verbal Aspect in the Greek of New Testament*, 413.
[35] Decker, *Temporal Deixis of the Greek Verb*, 17-18.

2.3 Breve panorama acerca de las discusiones sobre la funcionalidad del aspecto verbal en el griego koiné[36]

El aspecto verbal ha sido uno de los temas que, últimamente, ha despertado mayor interés entre los eruditos de las disciplinas académicas del griego koiné. Aunque el tema no es nuevo y su estudio se podría remontar hasta la época helenística, con Dionicio Tracio,[37] por razones de espacio, este trabajo presentará un breve panorama de las discusiones de mayor peso que se han desarrollado a partir del siglo diecinueve hasta la fecha.

Para el idioma español, el precursor del estudio de aspecto verbal se remonta a mitad del siglo diecinueve y fue el venezolano Andrés Bello.[38] Unos años más tarde, en 1880 el lingüista alemán Georg Curtius,[39] comenzó a diferenciar entre tiempo y aspecto en el griego del Nuevo Testamento.[40] Interesado en las lenguas indo-europeas, "argumentó que en contraste con el latín, el significado temporal del sistema verbal griego se limita solo al modo indicativo".[41] También diferenció entre los tipos de significado expresados por los lexemas verbales del presente y del aoristo. Curtius acuñó el nombre *Zeitart* (tipo de tiempo) que luego fue reemplazado por *Aktionsart* (tipo de acción), para describir el tiempo en términos puntual y durativo.[42] Pero, como se expresó anteriormente, los términos, aspecto y *Aktionsart*, fueron conceptos que se prestaron a confusión entre los gramáticos.

El campo del aspecto verbal es uno de los de mayor confusión terminológica y conceptual, y es posible que este problema hunda sus raíces en su propio desarrollo histórico.

---

[36] La mayor parte de esta sección será extraído del capítulo dos de Campbell, *Basics of Verbal Aspect*, 26-33.

[37] Porter, *Verbal Aspect in the Greek of New Testament*, 18-20.

[38] Se hablará más de él en el siguiente capítulo. Lucía Tobón de Castro y Jaime Rodríguez Rondón, "Algunas consideraciones sobre el aspecto verbal en español", *Thesaurus XXXIX/1* (1974): 36.

[39] Aunque existen varias opiniones en cuanto al precursor del término *Aktionsart*, se seguirá la opinión con datación más temprana. Georg Curtius, nacido en 1828 y fallecido en 1885, autor de *Gramática griega clásica* (1852) y de *Principios de etimología griega* (1879), obras que marcaron un hito en el desarrollo de la lingüística indoeuropea. Veyrat-Rigat, "El aspecto verbal".

[40] Curtius, *The Greek Verb*, en Campbell, *Basics of Verbal Aspect*, 27, n 2.

[41] Ibíd., 27.

[42] Decker, *Temporal Deixis of the Greek Verb*, 6.

2. Funcionalidad del aspecto verbal en el idioma griego koiné

Desde su primitivo enclave en la oposición de las formas latinas *Infectum/Perfectum* pasa a ser observado por los gramáticos checos en el análisis de las formas verbales de las lenguas eslavas. Posteriormente, a partir del concepto que se había elaborado para estas lenguas, se procede a buscar si en lenguas de diferentes familias, como las románicas por ejemplo, existen formas verbales que lo expresen, y no si dichas lenguas poseen la categoría gramatical del aspecto.[43]

Luego, desde comienzos del siglo veinte y hasta la fecha, los eruditos han diferenciado entre *Aktionsart* y aspecto verbal, definiendo al primero como la forma en que la acción realmente ocurre, y al segundo, a la manera de ver una acción.[44] En 1976 Bernard Comrie publicó una obra dedicada a la investigación de aspecto en el idioma inglés.[45] Comrie observó que en ese idioma los aspectos proporcionan diferentes perspectivas sobre la constitución temporal interna de los verbos. El aspecto perfectivo ve una situación en su conjunto, mientras que el aspecto imperfectivo ve el funcionamiento interno de una situación.[46]

Siguiendo con el estudio de aspecto en el griego del Nuevo Testamento, Kenneth McKay clasificó el aspecto en cuatro tipos. Según él, los tiempos presente e imperfecto denotan aspecto imperfectivo; el aoristo denota aspecto perfectivo; el perfecto y pluscuamperfecto, estativo; y el tiempo futuro lo clasificó como un casi-cuarto aspecto.[47] También, Juan Mateos realizó sus aportes al estudio del aspecto del griego koiné observando que los gramáticos habían considerado la forma verbal como único factor de aspecto. Por su parte, él propuso distinguir tres tipos de aspecto verbal, lexemático, morfemático y sintagmático.[48] Respecto a estos dos últimos eruditos

---

[43] Veyrat-Rigat, "El aspecto verbal".
[44] Campbell, *Basics of Verbal Aspect*, 28.
[45] Bernard Comrie, *Aspect: An Introduction to the Study of Verbal Aspect and Related Problems* (Cambridge: Cambridge University Press, 1976).
[46] Stanley E. Porter y Andrew W. Pitts, "New Testament Greek Language and Linguistics in Recent Research", *Currents in Biblical Research* (junio de 2008), http://cbi.sagepub.com/content/6/2/214 (consultado 8 de octubre de 2014).
[47] Kenneth L. McKay, *A New Syntax of the Verb in New Testament Greek: An Aspectual Approach* (Nueva York: Peter Lang, 1994), citado en Campbell, *Basics of Verbal Aspect*, 28, n. 5.
[48] Mateos, *El aspecto verbal en el Nuevo Testamento*.

mencionados, Stanley Porter opina que son quizás los más importantes precursores a la aplicación de la teoría de aspecto para el griego del Nuevo Testamento. Sin embargo, las definiciones de Mateos se centran en los diversos tipos de acciones, o sea, la teoría llamada *Aktionsart*.[49]

Hasta aquí se puede observar cómo el tema fue tomando interés en el ambiente académico, aunque a veces en forma aislada. Pero, en 1989, Porter[50] y en 1990, Buist Fanning[51] retomaron el tema y publicaron sus observaciones. Especialmente, Porter fue el responsable de provocar una fuerte reacción entre los exégetas del Nuevo Testamento, haciendo notar la imperante importancia que se le debía dar al aspecto verbal. Gracias a su entrenamiento formal tanto en lingüística como en teología, su obra proporcionó un revolucionario modelo lingüístico para explicar el sistema de los tiempos verbales en griego.[52] Él enfatiza fuertemente la distinción entre semántica y pragmática concluyendo que la referencia temporal no siempre es expresada por el verbo, por lo tanto debe ser pragmática. A diferencia de los anteriores eruditos, Porter reconoce tres aspectos en el sistema verbal griego. Estos son, el perfectivo, el imperfectivo y el estativo. El futuro no lo reconoce como aspectual (neutro o vago).[53] Su tesis aspectual apunta a que "se debe tener en consideración la concepción de la acción que manifiesta el autor y no entender el tiempo griego en términos de un tiempo verbal fáctico".[54]

A diferencia de Porter quien ha sido rechazado por los más tradicionalistas, Fanning ha sido mejor aceptado por estos últimos, aunque no así en círculos de lingüística griega. De hecho, no ha vuelto a publicar nada sobre aspecto verbal desde que escribió su libro.[55] Fanning reconoce solo dos aspectos, el perfectivo y el imperfectivo ya que considera que el estativo es propiamente una categoría de *Aktionsart*. Además, afirma que el dominio de aspecto sobre el tiempo proviene de la explicación de casos en que la expresión temporal no es

---

[49] Porter y Pitts, "New Testament Greek Language and Linguistics".
[50] Porter, *Verbal Aspect in the Greek of New Testament*.
[51] Buist M. Fanning, *Verbal Aspect in New Testament Greek* (Oxford: Clarendon, 1990).
[52] Naselli, "A Brief Introduction to Verbal Aspect".
[53] Campbell, *Basics of Verbal Aspect*, 29.
[54] Marta Alesso, reseña de Stanley Porter, "Verbal Aspect in the Greek of New Testament", *Circe* 10 (2005-2006), http://www.biblioteca.unlpam.edu.ar/pubpdf/circe/n10a17alesso.pdf (consultado el 16 de octubre de 2014).
[55] Nelson Morales, entrevista personal, Guatemala, 10 de marzo de 2015.

2. Funcionalidad del aspecto verbal en el idioma griego koiné

consistente. También, Mari Olsen[56] reconoce dos aspectos y, siguiendo a Comrie, define aspecto como "un componente temporal interno" utilizando la distinción semántica/pragmática para argumentar que algunas formas verbales griegas tienen referencia temporal y otras no. Los que sí son consistentes, tienen referencia temporal a nivel semántico.[57]

Donald Carson[58] también introdujo una importante revisión acerca del tema distinguiendo entre semántica y pragmática, y brindando claras ilustraciones de la literatura bíblica. Luego, Rodney Decker[59] enfocó su estudio en el evangelio de Marcos y se centró en la cuestión de referencia semántica temporal del verbo griego koiné. Siguiendo la teoría del aspecto verbal el autor distingue entre aspecto y *Aktionsart*, y entre semántica y pragmática. Y además, argumenta que la referencia temporal no se gramaticaliza por los tiempos verbales, sino que la relación entre ellas se indica a través de medios contextuales (deixis temporal). Este estudio lingüístico proporciona una base para la exégesis más precisa del texto de Marcos y otros escritos similares.

Por su parte, T. V. Evans,[60] filólogo clásico, contribuyó por medio de su amplio conocimiento de la literatura griega y sus trabajos sobre aspecto en la LXX. Al igual que Fanning y Olsen, reconoce solo dos tipos de aspecto rechazando el estativo. Y, por último, los aportes de Constantine Campbell[61] también son significativos enfocando sus estudios al aspecto verbal en el género narrativo y distinguiendo el perfecto y el pluscuamperfecto como aspectualmente imperfectivos. En cuanto a los tipos de aspecto, solo reconoce dos rechazando el estativo.

Entonces, se puede concluir que actualmente, los eruditos reconocidos en el tema, están de acuerdo en que aspecto verbal es una categoría muy importante, y ayuda a comprender de una forma más

---

[56] Mari Broman Olsen, *A Semantic and Pragmatic Model of Lexical and Grammatical Aspect* (Nueva York: Peter Lang, 2001), citado en Constantine R. Campbell, *Basics of Verbal Aspect in Biblical Greek* (Grand Rapids: Zondervan, 2008), 30.

[57] Campbell, *Basics of Verbal Aspect*, 30.

[58] Donald A. Carson, "An Introduction to the Porter/Fanning Debate", *Biblical Greek Language and Linguistics: Open Questions in Current Research* (Sheffield: JSOT, 1993).

[59] Decker, *Temporal Deixis of the Greek Verb*, 6.

[60] T. V. Evans, *Verbal Syntax in the Greek Pentateuch: Natural Greek Usage and Hebrew Interference* (Oxford: Oxford University Press, 2001).

[61] Campbell, *Basics of Verbal Aspect*, 32.

clara el sistema verbal griego. Y también, reconocen que existen, por lo menos, dos tipos de aspecto, el perfectivo y el imperfectivo, aunque algunos creen que hay más. En el presente trabajo se seguirá la opinión que rige el modelo de dos tipos de aspecto y el tiempo futuro como aspectualmente neutro o vago.

2.4 Una descripción de la teoría del aspecto verbal

Como se ha expresado anteriormente, en los últimos años se ha incrementado el interés por la teoría de aspecto verbal. Por lo tanto, a continuación se brinda una descripción de la misma teniendo en cuenta las diferentes opiniones de los eruditos más reconocidos en el tema. El aspecto verbal representa una elección subjetiva del autor que elige qué aspecto va a utilizar al retratar una determinada acción, evento o estado.[62] Y, así también, trata acerca de la distinción entre la semántica y la pragmática en las referencias temporales.[63] Porter,[64] McKay[65] y Carson[66] opinan que el aspecto imperfectivo es como un acto que está ocurriendo; mientras que el aspecto perfectivo es como una escena completa. Al respecto, Campbell dice que el punto de vista desde el exterior se llama aspecto perfectivo y es como un reportero viendo un desfile desde un helicóptero. Mientras que el punto de vista desde el interior se llama aspecto imperfectivo y es como un reportero viendo un desfile desde la calle por donde va pasando el desfile.[67]

Para ilustrar esta definición, se puede observar el relato de la alimentación de los cinco mil que se presenta en los cuatro evangelios (Mt 14; Mr 6; Lc 9; Jn 6). Los autores de los sinópticos prefirieron utilizar mayormente el tiempo aoristo (perfectivo), pero Juan, el imperfecto (imperfectivo).[68]

---

[62] Ibíd., 20.

[63] Naselli, "A Brief Introduction to Verbal Aspect".

[64] Andrew Hong, "Teoría del aspecto verbal", 25 de abril de 2008, http://andrewhong.net/2008/04/ 25/verbal-aspect-theory/ (1 de junio de 2014).

[65] Kenneth L. McKay, "Aspect in Imperatival Constructions in New Testament Greek", *NovT* XXVII, 3 (1985): 206-07.

[66] Donald A. Carson, "Apuntes de Advanced Greek Grammar" (Deerfield: Trinity Evangelical Divinity School, 2007), 16.

[67] Campbell, *Basics of Verbal Aspect*, 19.

[68] Naselli, "A Brief Introduction to Verbal Aspect".

2. Funcionalidad del aspecto verbal en el idioma griego koiné

Mt 14:13-21	Mr 6:32-44	Lc 9:10b-17	Jn 6:1-15
Ἀκούσας δὲ ὁ Ἰησοῦς ἀνεχώρησεν ἐκεῖθεν ἐν πλοίῳ εἰς ἔρημον τόπον κατ' ἰδίαν· καὶ ἀκούσαντες οἱ ὄχλοι ἠκολούθησαν αὐτῷ πεζῇ ἀπὸ τῶν πόλεων.	Καὶ ἀπῆλθον ἐν τῷ πλοίῳ εἰς ἔρημον τόπον κατ' ἰδίαν. καὶ εἶδον αὐτοὺς ὑπάγοντας καὶ ἐπέγνωσαν πολλοὶ καὶ πεζῇ ἀπὸ πασῶν τῶν πόλεων συνέδραμον ἐκεῖ καὶ προῆλθον αὐτούς.	Καὶ παραλαβὼν αὐτοὺς ὑπεχώρησεν κατ' ἰδίαν εἰς πόλιν καλουμένην Βηθσαϊδά. οἱ δὲ ὄχλοι γνόντες ἠκολούθησαν αὐτῷ·	Μετὰ ταῦτα ἀπῆλθεν ὁ Ἰησοῦς πέραν τῆς θαλάσσης τῆς Γαλιλαίας τῆς Τιβεριάδος. ἠκολούθει δὲ αὐτῷ ὄχλος πολύς, ὅτι ἐθεώρουν τὰ σημεῖα ἃ ἐποίει ἐπὶ τῶν ἀσθενούντων. ἀνῆλθεν δὲ εἰς τὸ ὄρος Ἰησοῦς καὶ ἐκεῖ ἐκάθητο μετὰ τῶν μαθητῶν αὐτοῦ.
Mateo utiliza verbos aspectualmente perfectivos. (Los subrayados son verbos en tiempo aoristo)	Marcos utiliza verbos aspectualmente perfectivos. (Los subrayados son verbos en tiempo aoristo)	Lucas utiliza verbos aspectualmente perfectivos. (Los subrayados son verbos en tiempo aoristo)	Juan presenta verbos aspectualmente imperfectivos. (Los subrayados son verbos en tiempo imperfecto)

**Tabla 2.6: Comparación del texto griego
del relato de la alimentación de los cinco mil en los cuatro evangelios**

Por otro lado, en una narrativa, el tiempo verbal además de denotar aspecto, describirá la referencia espacial de lejanía o cercanía.

En las narrativas los autores bíblicos parecieran usar el aspecto verbal para variar los detalles en distintos planos narrativos. Algunos planos son pintados en el fondo de la escena, con el aoristo (el tiempo verbal menos marcado) que es aspectualmente perfectivo. Luego, los tiempos verbales imperfectivos parecen usarlos para sobresaltar los detalles de su interés. Así se forma una especie de "geografía narrativa". El perfecto seria el tiempo usado más al frente (el tiempo verbal más marcado).[69]

Tiempo verbal	Valor espacial de cercanía/lejanía	Aspecto
Aoristo	El testigo está muy lejos del evento (más remoto). Lejanía espacial, temporal o lógica. No siempre es una referencia temporal pasada.	Perfectivo
Futuro	Lejanía espacial y siempre es una referencia temporal futura.	No denota aspecto o es vago
Presente	El testigo está cerca del evento (próximo).	Imperfectivo
Imperfecto	El testigo está lejos del evento (remoto).	Imperfectivo
Perfecto	El testigo está muy cerca del evento (más próximo).	Imperfectivo
Pluscuamperfecto	El testigo está muy muy lejos del evento (mucho más remoto).	Imperfectivo

Tabla 2.7: Valor espacial de cercanía/lejanía en cada tiempo verbal[70]

Como se ha expresado anteriormente, los tiempos verbales más usados en el Nuevo Testamento son, el presente y el aoristo en modo indicativo y, también, los participios en presente y en aoristo. Por lo tanto, este trabajo reflejará mayor atención a estos, aunque también, en menor medida a los demás.

2.4.1 Aspecto perfectivo (tiempo aoristo)

En griego existe solo un tiempo verbal que demuestra aspecto perfectivo, el aoristo. Este es el tiempo verbal más usado por los autores del Nuevo Testamento con 11594 ocurrencias. El aoristo, aspectualmente provee una vista externa de una acción o evento

---

[69] Morales, entrevista personal, Guatemala, 10 de marzo de 2015. Para leer más acerca del tema, véase Constantine R. Campbell, *Advances in the Study of Greek* (Grand Rapids: Zondervan, 2015), 127-30.

[70] Campbell, *Basics of Verbal Aspect*, 35-45.

presentándolo como un resumen y siendo un todo en sí misma. No significa que sea un evento menos importante ni que ocurrió en un instante, sino que presenta una síntesis de un hecho completo.[71]

> Mr 1:11 καὶ φωνὴ ἐγένετο ἐκ τῶν οὐρανῶν· σὺ εἶ ὁ υἱός μου ὁ ἀγαπητός, ἐν σοὶ εὐδόκησα.[72]
> "Y una voz vino desde los cielos: Tú eres mi Hijo amado, en ti (me) complazco".[73]

> Ro 5:14 ἀλλὰ ἐβασίλευσεν ὁ θάνατος ἀπὸ Ἀδὰμ μέχρι Μωϋσέως καὶ ἐπὶ τοὺς μὴ ἁμαρτήσαντας ἐπὶ τῷ ὁμοιώματι τῆς παραβάσεως Ἀδὰμ ὅς ἐστιν τύπος τοῦ μέλλοντος
> "Pero reinó la muerte desde Adán hasta Moisés también sobre los que no habían pecado con la semejante transgresión de Adán, el cual es modelo del que había de venir".

2.4.1.1 Aoristo indicativo

El aoristo indicativo que aparece 5875 veces, juega un rol muy importante en textos narrativos (aunque también se lo puede encontrar realizando otros roles). La razón es que presenta un esqueleto del evento completo por medio del tiempo y denota aseveración por medio de su modo, afirmando o negando algo del sujeto.[74]

> Lc 1:39-41 Ἀναστᾶσα δὲ Μαριὰμ ἐν ταῖς ἡμέραις ταύταις ἐπορεύθη εἰς τὴν ὀρεινὴν μετὰ σπουδῆς εἰς πόλιν Ἰούδα, καὶ εἰσῆλθεν εἰς τὸν οἶκον Ζαχαρίου καὶ ἠσπάσατο τὴν Ἐλισάβετ. καὶ ἐγένετο ὡς ἤκουσεν τὸν ἀσπασμὸν τῆς Μαρίας ἡ Ἐλισάβετ, ἐσκίρτησεν τὸ βρέφος ἐν τῇ κοιλίᾳ αὐτῆς, καὶ ἐπλήσθη πνεύματος ἁγίου ἡ Ἐλισάβετ
> "Y habiéndose levantado María en esos días viajó hacia la región montañosa con prontitud hacia la ciudad de Judea; y entró a la casa de Zacarías y saludó a Elisabet. Y sucedió que cuando

---

[71] Ibíd., 35.
[72] Todos los textos bíblicos griegos serán tomados de *The Greek New Testament*, 4a. ed. (Stuttgart: Sociedades Bíblicas Unidas, 1993).
[73] Todas las traducciones de los textos bíblicos griego al español serán propias de la autora de este trabajo.
[74] Campbell, *Basics of Verbal Aspect*, 39.

escuchó Elisabet el saludo de María la criatura <u>saltó</u> en su vientre, y Elisabet <u>fue llena</u> del Espíritu Santo".

Jn 19:32-34 <u>ἦλθον</u> οὖν οἱ στρατιῶται καὶ τοῦ μὲν πρώτου <u>κατέαξαν</u> τὰ σκέλη καὶ τοῦ ἄλλου τοῦ συσταυρωθέντος αὐτῷ ἐπὶ δὲ τὸν Ἰησοῦν ἐλθόντες, ὡς <u>εἶδον</u> ἤδη αὐτὸν τεθνηκότα, οὐ <u>κατέαξαν</u> αὐτοῦ τὰ σκέλη, ἀλλ' εἷς τῶν στρατιωτῶν λόγχῃ αὐτοῦ τὴν πλευρὰν <u>ἔνυξεν</u>, καὶ <u>ἐξῆλθεν</u> εὐθὺς αἷμα καὶ ὕδωρ
"Entonces <u>vinieron</u> los soldados y <u>quebraron</u> las piernas del primero y del otro que había sido crucificado con Él; pero habiendo venido a Jesús como le <u>vieron</u> ya muerto no le <u>quebraron</u> las piernas, pero uno de los soldados con una lanza <u>perforó</u> su costado, y <u>salió</u> inmediatamente sangre y agua".

2.4.1.2 Aoristo imperativo

En cuanto al aoristo imperativo, siempre va a manifestar aspecto perfectivo, pero este modo expresa potencial y deseo, y especialmente, dirección. Es decir, expresa un fuerte deseo de que una acción o estado se dé.[75] Se usa para dirigir las acciones de otra persona, especialmente para transmitir órdenes o mandamientos específicos en una situación específica, pero no significa necesariamente acción instantánea.[76] Nelson Morales opina que "la fuerza ilocutiva de este modo es bastante versátil".[77] Para ejemplificar el aoristo imperativo, McKay expresa que, en una conversación, el tono de voz o un gesto podría ser un indicador de un importante elemento contextual. Pero en una comunicación escrita lo que se usa para indicar esto es el modo imperativo. Por lo tanto, este modo es un importante indicador de la intención del que escribe.[78]

Lc 5:4 Ὡς δὲ ἐπαύσατο λαλῶν, εἶπεν πρὸς τὸν Σίμωνα· <u>ἐπανάγαγε</u> εἰς τὸ βάθος καὶ <u>χαλάσατε</u> τὰ δίκτυα ὑμῶν εἰς ἄγραν

---

[75] Morales, entrevista personal, Guatemala, 10 de marzo de 2015.
[76] Campbell, *Basics of Verbal Aspect*, 93; Constantine R. Campbell, *Verbal Aspect and Non-Indicatives Verbs: Further Soundings in the Greek of the New Testament* (Nueva York: Peter Lang, 2008), 81.
[77] Morales, entrevista personal, Guatemala, 10 de marzo de 2015.
[78] McKay, "Aspect in Imperatival Constructions", 206.

"Y cuando terminó de hablar dijo a Simón: <u>Boga</u> hacia lo profundo y <u>echad</u> vuestras redes para pescar".

Jn 2:7-8 λέγει αὐτοῖς ὁ Ἰησοῦς· <u>γεμίσατε</u> τὰς ὑδρίας ὕδατος. καὶ ἐγέμισαν αὐτὰς ἕως ἄνω. καὶ λέγει αὐτοῖς· <u>ἀντλήσατε</u> νῦν καὶ φέρετε τῷ ἀρχιτρικλίνῳ· οἱ δὲ ἤνεγκαν
"Dice a ellos Jesús: <u>Llenad</u> las tinajas de agua. Y las llenaron hasta arriba. Y dice a ellos: <u>Sacad</u> ahora y llevad al que preside el banquete, y ellos llevaron".

Jn 19:6 Ὅτε οὖν εἶδον αὐτὸν οἱ ἀρχιερεῖς καὶ οἱ ὑπηρέται ἐκραύγασαν λέγοντες· <u>σταύρωσον</u> <u>σταύρωσον</u>. λέγει αὐτοῖς ὁ Πιλᾶτος· <u>λάβετε</u> αὐτὸν ὑμεῖς καὶ <u>σταυρώσατε</u>· ἐγὼ γὰρ οὐχ εὑρίσκω ἐν αὐτῷ αἰτίαν
"Entonces cuando lo vieron los principales sacerdotes y los asistentes gritaron diciendo: <u>Crucifica</u>, <u>crucifica</u>. Dice a ellos Pilato: <u>tomadlo</u> vosotros y <u>crucificad</u>, porque yo no encuentro en Él culpa".

2.4.1.3 Aoristo subjuntivo

Por otro lado, el aoristo subjuntivo con 1387 presentaciones, "es menos intenso que el imperativo y suele gramaticalizar proyección del pensamiento de la persona que habla o escribe acerca de una acción. Al igual que el imperativo, es un modo potencial, de deseo y, también su fuerza ilocutiva es bastante versátil".[79] En ninguna forma del subjuntivo hay un elemento absoluto de tiempo. "También es el modo que se utiliza para las frases de tipo condicional, sugerencias vitales o algún mandamiento expresado con amabilidad o cortesía".[80]

El aoristo subjuntivo se usa como una proyección desde una vista externa[81] presentando el evento como un todo sin dar referencia a los datos que se desarrollan dentro. Es capaz de describir las actividades como particulares, concretas y de manera resumida. Expresa un grado de incertidumbre de la realidad o realización de cierto evento o una acción que quizás pudo suceder o debió haber sucedido. Por eso en

---

[79] Morales, entrevista personal, Guatemala, 10 de marzo de 2015.
[80] Henriques, Morales y Steffen, *Introducción al griego bíblico*, 139.
[81] Carson, "Apuntes de Advanced Greek Grammar", 25.

muchos casos expresa probabilidad más que certeza de una ocurrencia. También se usa en construcciones junto a negaciones futuras con οὐ μή lo cual indica una prohibición muy fuerte que, usualmente, se traduce "jamás + subjuntivo".[82]

> Lc 15:8 Ἢ τίς γυνὴ δραχμὰς ἔχουσα δέκα ἐὰν <u>ἀπολέσῃ</u> δραχμὴν μίαν, οὐχὶ ἅπτει λύχνον καὶ σαροῖ τὴν οἰκίαν καὶ ζητεῖ ἐπιμελῶς ἕως οὗ <u>εὕρῃ</u>;
> "O, ¿qué mujer teniendo diez dracmas si <u>perdiese</u> una dracma, no enciende una luz y barre la casa y busca diligentemente hasta que la <u>encontrase</u>?"
>
> Lc 18:17 ἀμὴν λέγω ὑμῖν, ὃς ἂν μὴ <u>δέξηται</u> τὴν βασιλείαν τοῦ θεοῦ ὡς παιδίον, οὐ μὴ <u>εἰσέλθῃ</u> εἰς αὐτήν
> "Ciertamente os digo: el que no <u>recibiere</u> el reino de Dios como un niño, nunca <u>entrará</u> a él".
>
> Lc 22:18 λέγω γὰρ ὑμῖν, [ὅτι] οὐ μὴ <u>πίω</u> ἀπὸ τοῦ νῦν ἀπὸ τοῦ γενήματος τῆς ἀμπέλου ἕως οὗ ἡ βασιλεία τοῦ θεοῦ <u>ἔλθῃ</u>
> "Porque os digo que nunca <u>bebiere</u> del fruto de la viña hasta que el reino de Dios <u>viniere</u>".
>
> Jn 10:28 κἀγὼ δίδωμι αὐτοῖς ζωὴν αἰώνιον καὶ οὐ μὴ <u>ἀπόλωνται</u> εἰς τὸν αἰῶνα καὶ οὐχ ἁρπάσει τις αὐτὰ ἐκ τῆς χειρός μου
> "Y yo doy a ellos vida eterna y jamás <u>morirán</u> por la eternidad y no las arrebatará de mi mano nadie".

2.4.1.4 Aoristo optativo

En cuanto al aoristo optativo aparece 45 veces en el Nuevo Testamento griego y gramaticaliza proyección de contingencia, lo que significa que existe más incertidumbre que el subjuntivo.[83] El aoristo optativo es usado en modismos de negación enfática, μὴ γένοιτο, precedidos por εἰ y una pregunta retórica "¡En ninguna manera!",

---

[82] Campbell, *Verbal Aspect and Non-Indicatives Verbs*, 57.
[83] Porter, *Verbal Aspect in the Greek of New Testament*, 165-66.

2. Funcionalidad del aspecto verbal en el idioma griego koiné

"¡Nunca suceda tal cosa!", "¡De ningún modo!" (14 veces en Pablo y 1 en Lucas).[84]

> Ro 3:3-4 τί γάρ; εἰ ἠπίστησάν τινες, μὴ ἡ ἀπιστία αὐτῶν τὴν πίστιν τοῦ θεοῦ καταργήσει; <u>μὴ γένοιτο</u>
> "¿Qué, pues, si algunos de ellos han sido infieles? ¿Acaso podrá su infidelidad invalidar la fidelidad de Dios? <u>¡De ninguna manera!</u>"

También es usado en preguntas indirectas y en peticiones de modo cortés de la cual se espera una respuesta positiva.

> 1 Ts 3:11 Αὐτὸς δὲ ὁ θεὸς καὶ πατὴρ ἡμῶν καὶ ὁ κύριος ἡμῶν Ἰησοῦς <u>κατευθύναι</u> τὴν ὁδὸν ἡμῶν πρὸς ὑμᾶς
> ¡Que el mismo Dios y Padre nuestro, con nuestro Señor Jesús, nos <u>abra</u> camino hacia vosotros!

2.4.1.5 Participio aoristo

En cuanto al participio también es una forma no modal y, al igual que el gerundio y el participio en español, el participio griego es un verboide, pues, aunque tiene características verbales, también actúa como adjetivo o adverbio. El participio aoristo aparece 2285 veces y, al igual que los verbos, tiene variaciones de tiempo y voz; pero al igual que los adjetivos, tiene variaciones de género, número y caso. En su función adjetival se usa como sustantivo (adjetivo sustantivado) o adjetivo, y estos usualmente describen una característica que el autor desea presentar aspectualmente perfectiva o imperfectiva. A continuación se presentan algunos ejemplos de participios aoristos con función adjetival.[85]

> Mr 6:44 καὶ ἦσαν <u>οἱ φαγόντες</u> [τοὺς ἄρτους] πεντακισχίλιοι ἄνδρες
> "Y <u>los que comieron</u> los panes fueron cinco mil hombres".

> Lc 1:45 καὶ μακαρία <u>ἡ πιστεύσασα</u> ὅτι ἔσται τελείωσις τοῖς λελαλημένοις αὐτῇ παρὰ κυρίου

---

[84] Wallace y Steffen, *Gramática griega*, 354-55.
[85] Henriques, Morales y Steffen, *Introducción al griego bíblico*, 201-06.

"Y bienaventurada es la quien creyó, porque será cumplido lo que le ha sido dicho del Señor".

En su función verbal, el participio actúa normalmente como modificador adverbial de verbos finitos. Incluso en ocasiones opera como un verbo finito. Cuando un participio adverbial se ubica antes del verbo principal suele expresar una acción o estado previo a la de este. Por otro lado, cuando se ubica después del verbo al que modifica suele reflejar una acción o estado simultáneo o posterior a la de este.[86] Por ejemplo en Lc 1:39, se puede observar el rol del participio aoristo Ἀναστᾶσα, que se usa para dar los antecedentes del verbo principal, ἐπορεύθη, el cual ocurre después de ese participio.[87]

Lc 1:39-41 Ἀναστᾶσα δὲ Μαριὰμ ἐν ταῖς ἡμέραις ταύταις ἐπορεύθη εἰς τὴν ὀρεινὴν μετὰ σπουδῆς εἰς πόλιν Ἰούδα
"Y habiéndose levantado María en esos días viajó hacia la región montañosa con prontitud hacia la ciudad de Judea".

En el cap. 4 de la presente investigación se dará más detalles respecto a las posibles traducciones al español del participio aoristo con función adverbial.

2.4.1.6 Aoristo infinitivo

En cuanto al infinitivo griego es una forma verbal no modal y solo presenta variaciones de tiempo y voz. En el Nuevo Testamento el aoristo infinitivo se presenta 1241 veces.[88] Esta forma tiene comportamientos de verbo o sustantivo. En su función verbal usualmente funciona como complemento o suplemento del verbo principal de una oración. Aparecerá generalmente después de verbos de deseo como θέλω, ὀφείλω, βούλομαι, o de intención, como δύναμαι; o del verbo μέλλω, "estar a punto de". Y, como sustantivo funciona sobre

---

[86] Wallace y Steffen, *Gramática griega*, 206.
[87] Campbell, *Basics of Verbal Aspect*, 94.
[88] Luego, en presente 995 veces; en perfecto, 49 y en futuro, 5 veces. Wallace y Steffen, *Gramática griega*, 374.

2. Funcionalidad del aspecto verbal en el idioma griego koiné

todo en discurso indirecto o como parte de un sintagma preposicional.[89] A continuación se presentan algunos ejemplos.

Lc 12:5 ὑποδείξω δὲ ὑμῖν τίνα φοβηθῆτε· φοβήθητε τὸν μετὰ τὸ <u>ἀποκτεῖναι</u> ἔχοντα ἐξουσίαν <u>ἐμβαλεῖν</u> εἰς τὴν γέενναν
"Pero os mostraré a quién debéis temer, temed al que después <u>de matar</u> tiene poder <u>para echar</u> al infierno".

Lc 22:15 καὶ εἶπεν πρὸς αὐτούς· ἐπιθυμίᾳ ἐπεθύμησα τοῦτο τὸ πάσχα <u>φαγεῖν</u> μεθ' ὑμῶν πρὸ τοῦ με <u>παθεῖν</u>
"Y dijo a ellos: Con deseo deseé <u>comer</u> esta Pascua con vosotros antes de <u>padecer</u> yo".

Hch 3:18 ὁ δὲ θεός, ἃ προκατήγγειλεν διὰ στόματος πάντων τῶν προφητῶν <u>παθεῖν</u> τὸν χριστὸν αὐτοῦ, ἐπλήρωσεν οὕτως
"Pero Dios cumplió así las cosas que anunció de antemano por boca de todos los profetas que su Cristo (debió) <u>padecer</u>".

Campbell opina que en una narrativa es más probable encontrar el presente que el aoristo infinitivo. En cambio, en contextos negativos o irreales, es más probable el aoristo infinitivo, debido a la lejanía inherente de su aspecto perfectivo. La selección aspectual en el infinitivo, cuando no se rige por los usos anteriores, se determina simplemente por el deseo de presentar una acción internamente o externamente.[90]

Lc 1:20 καὶ ἰδοὺ ἔσῃ σιωπῶν καὶ μὴ δυνάμενος <u>λαλῆσαι</u> ἄχρι ἧς ἡμέρας γένηται ταῦτα
"Y he aquí, te quedarás mudo y no podrás <u>hablar</u> hasta el día en que esto suceda".

---

[89] En español se usa principalmente como suplemento verbal. En verbos de deseo o como auxiliar de construcciones futuras cercanas (ir a + infinitivo), o en construcciones de obligación (deber, tener que + infinitivo), todas estas estructuras son perifrásticas en español, por ende el infinitivo "completa" la idea verbal. Para más detalles de definición y usos del infinitivo véase Real Academia Española y Asociación de Academias de la Lengua Española, *Nueva gramática de la lengua española* (Madrid: Espasa, 2011), 26.1-14.

[90] Campbell, *Verbal Aspect and Non-Indicatives Verbs*, 101.

Jn 4:33 ἔλεγον οὖν οἱ μαθηταὶ πρὸς ἀλλήλους· μή τις ἤνεγκεν αὐτῷ <u>φαγεῖν</u>;
"Decían entonces los discípulos unos a otros: ¿Le habrá traído alguien (no alguien trajo) <u>de comer</u>?"

Jn 21:25 Ἔστιν δὲ καὶ ἄλλα πολλὰ ἃ ἐποίησεν ὁ Ἰησοῦς, ἅτινα ἐὰν γράφηται καθ' ἕν, οὐδ' αὐτὸν οἶμαι τὸν κόσμον <u>χωρῆσαι</u> τὰ γραφόμενα βιβλία
"Y hay también muchas otras cosas que Jesús hizo que si se escribieran cada una de ellas, pienso que ni el mismo mundo <u>tendría lugar para contener</u> los libros que podrían escribirse".

2.4.2 Aspecto imperfectivo

Existen cuatro tiempos verbales que reflejan aspecto imperfectivo, o sea, el punto de vista desde el interior del evento. Este se enfoca en su desarrollo de la acción y sirve para brindar los detalles de la misma. Este punto de vista se puede ilustrar como un reportero viendo un desfile desde la calle por donde va pasando la multitud. Estos tiempos verbales son, el presente, el imperfecto, el perfecto y el pluscuamperfecto, los cuales se presentan a continuación demostrando sus características particulares y dando ejemplos concretos.

2.4.2.1 Presente

Después del aoristo, el presente es el tiempo más usado en el griego del Nuevo Testamento con 11552 presentaciones. Según Campbell, el tiempo presente, universalmente, es designado como imperfectivo.[91]

2.4.2.1.1 Presente indicativo

Como ya se dijo anteriormente, en una narrativa, el aoristo indicativo se usa para dar un resumen completo de los hechos, como en Mr 4:3-8 donde Jesús presenta a la gente la parábola del sembrador, aunque sin explicársela. Pero luego, en 4:14-20 cuando se la explica a sus discípulos dando detalles, utiliza el presente indicativo. Entonces,

---

[91] Campbell, *Basics of Verbal Aspect*, 40.

se puede deducir que el aoristo indicativo se utiliza para presentar el esqueleto del relato completo, y el presente indicativo se utiliza para ponerle carne al esqueleto, o sea, mete al lector en la escena dándole los detalles del relato.[92] Esta función lo hace adecuado para los discursos.[93]

> Mr 4:14-20 ὁ σπείρων τὸν λόγον <u>σπείρει</u>. οὗτοι δέ <u>εἰσιν</u> οἱ παρὰ τὴν ὁδόν· ὅπου <u>σπείρεται</u> ὁ λόγος καὶ ὅταν ἀκούσωσιν, εὐθὺς <u>ἔρχεται</u> ὁ σατανᾶς καὶ <u>αἴρει</u> τὸν λόγον τὸν ἐσπαρμένον εἰς αὐτούς. καὶ οὗτοί <u>εἰσιν</u> οἱ ἐπὶ τὰ πετρώδη σπειρόμενοι, οἳ ὅταν ἀκούσωσιν τὸν λόγον εὐθὺς μετὰ χαρᾶς <u>λαμβάνουσιν</u> αὐτόν, καὶ οὐκ ἔχουσιν ῥίζαν ἐν ἑαυτοῖς ἀλλὰ πρόσκαιροί <u>εἰσιν</u>, εἶτα γενομένης θλίψεως ἢ διωγμοῦ διὰ τὸν λόγον εὐθὺς <u>σκανδαλίζονται</u>. καὶ ἄλλοι <u>εἰσιν</u> οἱ εἰς τὰς ἀκάνθας σπειρόμενοι· οὗτοί <u>εἰσιν</u> οἱ τὸν λόγον ἀκούσαντες, καὶ αἱ μέριμναι τοῦ αἰῶνος καὶ ἡ ἀπάτη τοῦ πλούτου καὶ αἱ περὶ τὰ λοιπὰ ἐπιθυμίαι εἰσπορευόμεναι <u>συμπνίγουσιν</u> τὸν λόγον καὶ ἄκαρπος <u>γίνεται</u>. καὶ ἐκεῖνοί <u>εἰσιν</u> οἱ ἐπὶ τὴν γῆν τὴν καλὴν σπαρέντες, οἵτινες <u>ἀκούουσιν</u> τὸν λόγον καὶ <u>παραδέχονται</u> καὶ <u>καρποφοροῦσιν</u> ἐν τριάκοντα καὶ ἐν ἑξήκοντα καὶ ἐν ἑκατόν
> "El que siembra <u>siembra</u> la palabra. Y estos <u>son</u> los que están junto al camino, donde <u>es sembrada</u> la palabra, y cuando la oyen inmediatamente <u>viene</u> Satanás y <u>arrebata</u> la palabra sembrada en ellos. Y estos <u>son</u> los que son sembrados sobre los pedregales, los que cuando oyen la palabra inmediatamente con alegría la <u>reciben</u>, y no tienen raíz en sí mismos sino <u>son</u> temporales que después de habiendo llegado la aflicción o la persecución por causa de la palabra inmediatamente <u>fallan</u>. Y otros <u>son</u> los que son sembrados en las espinas, estos <u>son</u> los que han oído la palabra pero las preocupaciones del siglo y el engaño de la riqueza y entrando los deseos de las demás cosas, <u>ahogan</u> la palabra y <u>resulta</u> sin fruto. Y aquellos <u>son</u> los que fueron sembrados sobre la tierra buena, los cuales <u>oyen</u> la palabra y la <u>acogen</u> y <u>dan</u> frutos una treinta, una setenta y una cien".

---

[92] Ibíd., 40-41.
[93] Ibíd., 61.

Jn 5:20 ὁ γὰρ πατὴρ <u>φιλεῖ</u> τὸν υἱὸν καὶ πάντα <u>δείκνυσιν</u> αὐτῷ ἃ αὐτὸς <u>ποιεῖ</u>, καὶ μείζονα τούτων δείξει αὐτῷ ἔργα, ἵνα ὑμεῖς θαυμάζητε

"Porque el Padre <u>ama</u> al hijo y todas las cosas le <u>muestra</u>, las cuales Él mismo <u>hace</u> y más grandes que estas obras le mostrará, para que vosotros os asombréis".

Jn 16:15 πάντα ὅσα <u>ἔχει</u> ὁ πατὴρ ἐμά <u>ἐστιν</u>· διὰ τοῦτο εἶπον ὅτι ἐκ τοῦ ἐμοῦ <u>λαμβάνει</u> καὶ ἀναγγελεῖ ὑμῖν

"Todas las cosas que <u>tiene</u> el Padre mías <u>son</u>; por eso dije: de lo mío <u>recibe</u> y anunciará a vosotros".

El presente indicativo, frecuentemente, es también usado para narrar eventos pasados, y en estos casos se lo denomina "presente histórico". En cuanto a la función de este uso existen varias teorías que han tratado de explicarla.[94] En resumen, ellas apuntan a que el narrador usa el tiempo presente para efectos retóricos, para describir un evento de una forma más vívida como si estuviera ocurriendo en ese momento en que el narrador está hablando o escribiendo.[95] Pero Porter siguiendo su teoría de que el tiempo verbal griego es semánticamente atemporal, ha sugerido otra explicación. Él dice que cuando en una narrativa se evoca eventos del pasado y un presente se yuxtapone a un aoristo, el presente no pierde su fuerza aspectual sino que permanece en juego brindando un retrato de la acción. El autor puede emplear el tiempo presente en la introducción, en las transiciones, en el clímax, o en cualquier punto del relato con el objetivo de darle énfasis a ese momento de la historia.[96]

Mr 15:20-24 καὶ ὅτε ἐνέπαιξαν αὐτῷ, ἐξέδυσαν αὐτὸν τὴν πορφύραν καὶ ἐνέδυσαν αὐτὸν τὰ ἱμάτια αὐτοῦ. Καὶ <u>ἐξάγουσιν</u> αὐτὸν ἵνα σταυρώσωσιν αὐτόν. καὶ <u>ἀγγαρεύουσιν</u> παράγοντά τινα Σίμωνα Κυρηναῖον ἐρχόμενον ἀπ' ἀγροῦ, τὸν πατέρα

---

[94] Para un estudio detallado acerca del aspecto verbal del presente histórico indicativo, ver Steve E. Runge, "The Verbal Aspect of the Historical Present Indicative in Narrative", en *Discourse Studies and Biblical Interpretation: A Festschrift in Honor of Stephen H. Levinsohn* (Bellingham: Logos Bible Software, 2011): 191-224.

[95] Mavis M. Leung, "The Narrative Function and Verbal Aspect of the Historical Present in the Fourth Gospel", *JETS* 51/4 (2008): 704-07.

[96] Porter, *Verbal Aspect in the Greek of New Testament*, 196.

Ἀλεξάνδρου καὶ Ῥούφου, ἵνα ἄρῃ τὸν σταυρὸν αὐτοῦ. Καὶ φέρουσιν αὐτὸν ἐπὶ τὸν Γολγοθᾶν τόπον, ὅ ἐστιν μεθερμηνευόμενον Κρανίου Τόπος. καὶ ἐδίδουν αὐτῷ ἐσμυρνισμένον οἶνον· ὃς δὲ οὐκ ἔλαβεν. Καὶ σταυροῦσιν αὐτὸν καὶ διαμερίζονται τὰ ἱμάτια αὐτοῦ, βάλλοντες κλῆρον ἐπ᾽ αὐτὰ τίς τί ἄρῃ
"Y cuando se burlaron de Él, le quitaron la púrpura y lo vistieron con sus mantos y lo conducen afuera para que lo crucificaran. Y obligan a alguien que pasaba, Simón de Cirene, que venía del campo, el padre de Alejandro y de Rufo, para que llevara su cruz. Y lo llevan al lugar llamado Gólgota que traducido es Lugar de la Calavera. Y le daban vino mezclado con mirra, pero Él no tomó. Y lo crucifican y se reparten sus mantos echando suertes sobre ellos para ver quién qué llevara".

2.4.2.1.2 Presente imperativo

Luego, el presente imperativo codifica, en su tiempo, aspecto imperfectivo y en su modo, dirección como por ejemplo en Jn 4:16 hablándole Jesús a la samaritana.[97]

Jn 4:16 λέγει αὐτῇ· ὕπαγε φώνησον τὸν ἄνδρα σου καὶ ἐλθὲ ἐνθάδε
"Dice a ella: Vé llama a tu marido y ven aquí".

También se usa para expresar órdenes o mandamientos generales y para dar principios éticos y morales usando verbos de propulsión o de hablar.[98]

Lc 6:27 Ἀλλὰ ὑμῖν λέγω τοῖς ἀκούουσιν· ἀγαπᾶτε τοὺς ἐχθροὺς ὑμῶν, καλῶς ποιεῖτε τοῖς μισοῦσιν ὑμᾶς
"Pero a vosotros digo, a los que oís: amad a vuestros enemigos, haced bien a los que los odian".

Lc 14:35 οὔτε εἰς γῆν οὔτε εἰς κοπρίαν εὔθετόν ἐστιν, ἔξω βάλλουσιν αὐτό. ὁ ἔχων ὦτα ἀκούειν ἀκουέτω

---

[97] Carson, "Apuntes de Advanced Greek Grammar", 25.
[98] Ibíd., 81.

"Ni para la tierra ni para el muladar es apropiada, la echan afuera. El que tiene oídos para oír <u>oiga</u>".

Jn 21:16 λέγει αὐτῷ πάλιν δεύτερον· Σίμων Ἰωάννου, ἀγαπᾷς με; λέγει αὐτῷ· ναὶ κύριε, σὺ οἶδας ὅτι φιλῶ σε. λέγει αὐτῷ· <u>ποίμαινε</u> τὰ πρόβατά μου
"Dice a él nuevamente por segunda vez: Simón (hijo) de Juan, ¿me amas? Dice a Él: Sí, Señor, tu sabes que te amo. Dice a él: <u>apacienta</u> mis ovejas".

2.4.2.1.3 Presente subjuntivo

Como se dijo anteriormente, el modo subjuntivo se refiere a una acción o estado que puede ocurrir en algún momento, incluso puede estar ocurriendo. Sin embargo, la persona usa tal modo para expresar una proyección de su pensamiento acerca de esa acción. Por eso uno de los usos más frecuentes es introducir un propósito o deseo. Su uso puede referirse a una acción presente o futura. También es el modo que se utiliza para las frases de tipo condicional, sugerencias vitales o algún mandamiento expresado con amabilidad o cortesía.[99]

El uso del presente subjuntivo con 460 presentaciones, revela una expresión regular de aspecto imperfectivo que ve la acción internamente y gramaticaliza proyección. Algunas implicaciones comunes de aspecto imperfectivo en presentes subjuntivos son actividades que se están desarrollando temporalmente, denotando estado, brindando características personales, o manifestando acciones que se llevan a cabo por varias personas en distintos momentos, pero expresado a través de un solo verbo. El punto de vista interno se adapta naturalmente a tales *Aktionsarten*, y por lo tanto, no es de extrañar encontrar varios ejemplos de presente subjuntivo empleado para tales usos.[100]

Lc 5:12 Καὶ ἐγένετο ἐν τῷ εἶναι αὐτὸν ἐν μιᾷ τῶν πόλεων καὶ ἰδοὺ ἀνὴρ πλήρης λέπρας· ἰδὼν δὲ τὸν Ἰησοῦν, πεσὼν ἐπὶ πρόσωπον ἐδεήθη αὐτοῦ λέγων· κύριε, ἐὰν <u>θέλῃς</u> δύνασαί με καθαρίσαι

---

[99] Henriques, Morales y Steffen, *Introducción al griego bíblico*, 138-40.
[100] Campbell, *Verbal Aspect and Non-Indicatives Verbs*, 54.

2. Funcionalidad del aspecto verbal en el idioma griego koiné

"Y sucedió que al estar Él en una de las ciudades, mira un hombre lleno de lepra, y al ver a Jesús, cayó sobre su rostro y le rogó diciendo: Señor, si quieres puedes limpiarme".

Jn 15:2 πᾶν κλῆμα ἐν ἐμοὶ μὴ φέρον καρπὸν αἴρει αὐτό, καὶ πᾶν τὸ καρπὸν φέρον καθαίρει αὐτὸ ἵνα καρπὸν πλείονα φέρῃ
"Toda rama que en mí no lleva fruto la quita, y toda la que lleva fruto la limpia para que lleve más fruto".

1 Jn 5:2 ἐν τούτῳ γινώσκομεν ὅτι ἀγαπῶμεν τὰ τέκνα τοῦ θεοῦ, ὅταν τὸν θεὸν ἀγαπῶμεν καὶ τὰς ἐντολὰς αὐτοῦ ποιῶμεν
"En esto conocemos que amamos a los hijos de Dios cuando a Dios amamos y sus mandamientos hacemos".

2 Co 12:7 καὶ τῇ ὑπερβολῇ τῶν ἀποκαλύψεων. διὸ ἵνα μὴ ὑπεραίρωμαι, ἐδόθη μοι σκόλοψ τῇ σαρκί, ἄγγελος σατανᾶ, ἵνα με κολαφίζῃ, ἵνα μὴ ὑπεραίρωμαι
"Y por la grandeza extraordinaria de las revelaciones. Por esa causa, para que no me enaltezca, me fue dada una espina en la carne, mensajero de Satanás para que me abofetee, para que no me enaltezca".

2.4.2.1.4 Presente optativo

El presente optativo aparece 23 veces en el Nuevo Testamento griego y denota aspecto imperfectivo brindando una proyección de la acción o estado un poco más remota, menos segura o más contingente que el subjuntivo.

Lc 1:29 ἡ δὲ ἐπὶ τῷ λόγῳ διεταράχθη καὶ διελογίζετο ποταπὸς εἴη ὁ ἀσπασμὸς οὗτος
"Pero ella se turbó por sus palabras y se preguntaba qué clase de saludo sería este".

2.4.2.1.5 Participio presente

El participio es una forma no modal y, aunque tiene características verbales, también actúa como adjetivo o adverbio. Al igual que los verbos, tiene variaciones de tiempo y voz; pero al igual que los adjetivos, tiene variaciones de género, número y caso. El participio presente aparece 3688 veces y, en su función adjetival, se usa como sustantivo (adjetivo sustantivado) o adjetivo, y en estos casos, usualmente describen una característica que el autor desea presentar aspectualmente imperfectiva.[101] El siguiente ejemplo demuestra lo dicho anteriormente.

>Jn 1:29 ἴδε ὁ ἀμνὸς τοῦ θεοῦ ὁ <u>αἴρων</u> τὴν ἁμαρτίαν τοῦ κόσμου
>"He aquí, el cordero de Dios <u>que quita</u> el pecado del mundo".

Aquí el participio αἴρων describe la cualidad de Jesús de quitar los pecados, el quitador de pecados. En la perspectiva de Juan el Bautista se podría entender como "el que está a punto de quitar los pecados"; desde el punto de vista de Juan el evangelista, "el que ahora quita el pecado del mundo, debido a su muerte y resurrección como el cordero de Dios".[102] Los siguientes son otros ejemplos de participios presentes con función adjetival.

>1 Jn 2:10 <u>ὁ ἀγαπῶν</u> τὸν ἀδελφὸν αὐτοῦ ἐν τῷ φωτὶ μένει
>"<u>El que ama</u> a su hermano permanece en la luz".

>2 Ti 2:19 ἔγνω κύριος <u>τοὺς ὄντας</u> αὐτοῦ
>"El Señor conoce <u>a los que son</u> suyos".

>Jn 5:35 ἐκεῖνος ἦν ὁ λύχνος ὁ <u>καιόμενος</u> καὶ <u>φαίνων</u>
>"Aquél era la lámpara <u>ardiente</u> y <u>brillante</u>".

En su función verbal, el participio actúa normalmente como modificador adverbial de verbos finitos. Incluso en ocasiones opera como un verbo finito. Esta es la función más rica en significados y aportes exegéticos.[103] En el cap. 4 del presente trabajo se dará más detalles en cuanto a la traducción al español del participio presente con función adverbial.

>Ef 5:18-19 πληροῦσθε ἐν πνεύματι, <u>λαλοῦντες</u> ἑαυτοῖς [ἐν] ψαλμοῖς καὶ ὕμνοις καὶ ᾠδαῖς πνευματικαῖς

---

[101] Henriques, Morales y Steffen, *Introducción al griego bíblico*, 202-06.
[102] Ibíd., 206.
[103] Ibíd., 205.

"Sed llenos en/por el Espíritu, <u>con el resultado de expresar</u> entre vosotros salmos, himnos y cánticos espirituales".

Como se dijo anteriormente, cuando un participio adverbial se ubica antes del verbo principal suele expresar una acción o estado previo a la de este. Por otro lado, cuando se ubica después del verbo al que modifica suele reflejar una acción o estado simultáneo o posterior a la de este.[104] Por ejemplo en Stg 2:9 donde el participio se encuentra posterior al verbo principal reflejando una acción simultánea.

Stg 2:9 εἰ δὲ προσωπολημπτεῖτε, ἁμαρτίαν ἐργάζεσθε <u>ἐλεγχόμενοι</u> ὑπὸ τοῦ νόμου ὡς παραβάται
"Pero si mostráis favoritismos, cometéis pecado <u>porque sois hallados culpables</u> por la ley como transgresores".

Campbell observa que aunque en ocasiones, el participio presente, representa una acción que ha comenzado antes de que haya comenzado la acción del verbo principal, esa acción no se considera como terminada antes de que comience la segunda acción, sino que se mantiene contemporánea.[105]

Hch 9:33 εὗρεν δὲ ἐκεῖ ἄνθρωπόν τινα ὀνόματι Αἰνέαν ἐξ ἐτῶν ὀκτὼ <u>κατακείμενον</u> ἐπὶ κραβάττου, ὃς ἦν παραλελυμένος
"Y encontró allí a cierto hombre llamado Eneas <u>que estaba acostado</u> en una cama desde hacía ocho años, el cual estaba paralizado".

2.4.2.1.6 Presente infinitivo

En cuanto al presente infinitivo en el Nuevo Testamento se encuentra 995 veces.[106] Como se dijo anteriormente, en una narrativa es más probable encontrar el presente que el aoristo infinitivo.[107] Esta forma tiene comportamientos de verbo o sustantivo. En su función verbal usualmente funciona como complemento o suplemento del

---

[104] Ibíd., 206.
[105] Campbell, *Basics of Verbal Aspect*, 72.
[106] Luego, en aoristo aparece 1241 veces; en perfecto, 49 veces y, en futuro, 5. Wallace y Steffen, *Gramática griega*, 374.
[107] Campbell, *Verbal Aspect and Non-Indicatives Verbs*, 101.

verbo principal de una oración. Aparecerá generalmente después de verbos de deseo como θέλω, ὀφείλω, βούλομαι, o de intención, como δύναμαι; o también de los verbos μέλλει, "estar a punto de" o ἄρχω "comenzar a". Y, como sustantivo funciona sobre todo en discurso indirecto o como parte de un sintagma preposicional.[108] A continuación se presentan algunos ejemplos.

> Mt 2:13 μέλλει γὰρ Ἡρῴδης ζητεῖν τὸ παιδίον
> "Herodes está a punto de buscar al niño".
>
> Lc 5:21 καὶ ἤρξαντο διαλογίζεσθαι οἱ γραμματεῖς καὶ οἱ Φαρισαῖοι λέγοντες· τίς ἐστιν οὗτος ὃς λαλεῖ βλασφημίας; τίς δύναται ἁμαρτίας ἀφεῖναι εἰ μὴ μόνος ὁ θεός;
> "Y comenzaron a pensar los escribas y los fariseos diciendo: ¿quién es este que habla blasfemias? ¿Quién puede pecados perdonar sino solamente Dios?".
>
> Lc 8:6 καὶ ἕτερον κατέπεσεν ἐπὶ τὴν πέτραν, καὶ φυὲν ἐξηράνθη διὰ τὸ μὴ ἔχειν ἰκμάδα
> "Y otra cayó sobre la roca, y habiendo crecido fue secada por causa de no tener humedad".
>
> Lc 9:29 καὶ ἐγένετο ἐν τῷ προσεύχεσθαι αὐτὸν τὸ εἶδος τοῦ προσώπου αὐτοῦ ἕτερον καὶ ὁ ἱματισμὸς αὐτοῦ λευκὸς ἐξαστράπτων
> "Y sucedió que al orar Él, la apariencia de su rostro era otra y su ropa blanca resplandeciente".
>
> Lc 15:14 δαπανήσαντος δὲ αὐτοῦ πάντα ἐγένετο λιμὸς ἰσχυρὰ κατὰ τὴν χώραν ἐκείνην, καὶ αὐτὸς ἤρξατο ὑστερεῖσθαι
> "Y habiendo gastado todas sus cosas aconteció un gran hambre en aquella región, y comenzó a pasar necesidad".

---

[108] En español se usa principalmente como suplemento verbal. En verbos de deseo o como auxiliar de construcciones futuras cercanas (ir a + infinitivo), o en construcciones de obligación (deber, tener que + infinitivo), todas estas estructuras son perifrásticas en español, por ende el infinitivo "completa" la idea verbal. Para más detalles de definición y usos del infinitivo véase *NGLE*, 26.1-14.

Jn 2:24 αὐτὸς δὲ Ἰησοῦς οὐκ ἐπίστευεν αὐτὸν αὐτοῖς διὰ τὸ αὐτὸν γινώσκειν πάντας
"Pero Jesús mismo no se confiaba a sí mismo de ellos porque Él conocía a todos".

Jn 21:22 λέγει αὐτῷ ὁ Ἰησοῦς· ἐὰν αὐτὸν θέλω μένειν ἕως ἔρχομαι
"Jesús le dice: quiero que él permanezca hasta que yo venga".

Fil 1:12 Γινώσκειν δὲ ὑμᾶς βούλομαι, ἀδελφοί
"Quiero que vosotros sepáis, hermanos".

2.4.2.2 Imperfecto

En el Nuevo Testamento griego, el imperfecto solo es posible hallarlo en modo indicativo y aparece 1682 veces. Según Campbell, en una narrativa, el aspecto imperfectivo de este tiempo verbal permite dar información suplementaria, la cual presenta los datos desde el interior describiendo los detalles, ofreciendo razones y explicaciones, y/o aclarando las motivaciones que no pueden ser vistas a través de la visión externa de un resumen (aspecto perfectivo).[109]

Lc 9:42-45 ἔτι δὲ προσερχομένου αὐτοῦ ἔρρηξεν αὐτὸν τὸ δαιμόνιον καὶ συνεσπάραξεν· ἐπετίμησεν δὲ ὁ Ἰησοῦς τῷ πνεύματι τῷ ἀκαθάρτῳ καὶ ἰάσατο τὸν παῖδα καὶ ἀπέδωκεν αὐτὸν τῷ πατρὶ αὐτοῦ. ἐξεπλήσσοντο δὲ πάντες ἐπὶ τῇ μεγαλειότητι τοῦ θεοῦ. Πάντων δὲ θαυμαζόντων ἐπὶ πᾶσιν οἷς ἐποίει εἶπεν πρὸς τοὺς μαθητὰς αὐτοῦ· θέσθε ὑμεῖς εἰς τὰ ὦτα ὑμῶν τοὺς λόγους τούτους· ὁ γὰρ υἱὸς τοῦ ἀνθρώπου μέλλει παραδίδοσθαι εἰς χεῖρας ἀνθρώπων. οἱ δὲ ἠγνόουν τὸ ῥῆμα τοῦτο καὶ ἦν παρακεκαλυμμένον ἀπ' αὐτῶν ἵνα μὴ αἴσθωνται αὐτό, καὶ ἐφοβοῦντο ἐρωτῆσαι αὐτὸν περὶ τοῦ ῥήματος τούτου
"Y aun acercándose a él lo derribó el demonio y convulsionó, y reprendió Jesús al espíritu inmundo y sanó al muchacho, y lo devolvió a su padre. Y todos estaban admirados de la grandeza de Dios y maravillándose todos por todas las cosas que hacía, dijo a sus discípulos: poned vosotros en vuestros oídos estas

---

[109] Campbell, *Verbal Aspect and Non-Indicatives Verbs*, 44, 62.

palabras: porque el Hijo del hombre va a ser entregado en manos de hombres. Pero ellos no entendían esta palabra y estaba escondida de ellos para que no la comprendieran y temían preguntarle acerca de esta palabra".

Lc 15:16 καὶ ἐπεθύμει χορτασθῆναι ἐκ τῶν κερατίων ὧν ἤσθιον οἱ χοῖροι, καὶ οὐδεὶς ἐδίδου αὐτῷ
"Y deseaba llenarse de las algarrobas las cuales comían los cerdos, y nadie le daba".

Jn 5:18 διὰ τοῦτο οὖν μᾶλλον ἐζήτουν αὐτὸν οἱ Ἰουδαῖοι ἀποκτεῖναι, ὅτι οὐ μόνον ἔλυεν τὸ σάββατον, ἀλλὰ καὶ πατέρα ἴδιον ἔλεγεν τὸν θεὸν ἴσον ἑαυτὸν ποιῶν τῷ θεῷ
"Así que, a causa de esto, más aun los judíos procuraban matarlo porque no solo violaba el sábado sino también, llamaba a Dios su propio Padre".

La diferencia del imperfecto con el presente se encuentra en el valor espacial. En el presente, el relator presenta la escena como si estuviera cercano al lugar donde ocurren los hechos. Y en el imperfecto la presenta como si estuviera lejano.[110]

2.4.2.3 Perfecto

El tiempo perfecto aparece 1571 veces en el Nuevo Testamento griego. Las gramáticas tradicionales han enseñado que este tiempo indica una acción pasada con repercusiones en el presente.[111] En este caso, el perfecto sería una combinación de una acción pasada pero con un estado presente.[112] Pero, la gran cantidad de excepciones a esta regla ha llevado a los eruditos a pensar que quizás el perfecto indica algo diferente.[113] Para Porter, el perfecto es estativo y se refiere al estado

---

[110] Ibíd., 41-44.
[111] Wallace y Steffen, *Gramática griega*, 421-22.
[112] Carson, "Apuntes de Advanced Greek Grammar", 31.
[113] Para ver un estudio detallado acerca del aspecto verbal del perfecto, ver Constantine R. Campbell, "Breaking Perfect Rules. The Traditional Understanding of the Greek Perfect", en *Discourse Studies and Biblical Interpretation: A Festschrift in Honor of Stephen H. Levinsohn* (Bellingham: Logos Bible Software, 2011), 139-55; Campbell, *Advances in the Study of Greek*, 117-19.

2. Funcionalidad del aspecto verbal en el idioma griego koiné

general de los eventos.[114] Pero Campbell argumenta que Porter pasa por alto la gran lista de pasajes que son excepciones a esta regla (por ejemplo, Jn 5:33), y además, que estatividad no es normalmente entendido como un valor aspectual, sino que, en las teorías lingüísticas, estatividad es un valor *Aktionsart* y no aspectual.[115]

Por otro lado, para Fanning y Olsen el tiempo perfecto es perfectivo[116] con algunas características adicionales.[117] Campbell cree que esta confusión se debe a que eventualmente el perfecto se une al aoristo en significado pero que la evidencia no es suficiente para formar una regla común.[118] A diferencia de Porter, Fanning y Olsen, Campbell cree que el perfecto es aspectualmente imperfectivo. Su argumento se basa en que el tiempo perfecto y el presente se comportan de manera similar.[119] Y además, el aspecto imperfectivo demuestra de una mejor manera el significado semántico del tiempo perfecto.[120]

La diferencia entre el perfecto y el presente está en su valor espacial, denotando, el presente, proximidad, y el perfecto, una mayor proximidad. Esa mayor proximidad permite denotar intensificación o prominencia de la acción o el estado. En cuanto a intensidad, por ejemplos, el lexema σιωπάω se traduce "callar", pero en perfecto, "mantener en completo silencio"; el lexema φοβέω se traduce "tener miedo", pero en perfecto, "aterrorizarse".[121] En cuanto el concepto de prominencia, se refiere al grado en que un elemento se destaca de los demás en su entorno.[122]

---

[114] Stanley E. Porter, *Idioms of the Greek New Testament* (Sheffield: Sheffield Academic, 1994), 21-22.

[115] Buist M. Fanning, "Approaches to Verbal Aspect in New Testament Greek: Issues in Definition and Method", en *Biblical Greek Language and Linguistics: Open Questions in Current Research* (Sheffield: Sheffield Academic, 1993), 49-50 en Campbell, *Basics of Verbal Aspect*, 48-49.

[116] Fanning, *Verbal Aspect in New Testament Greek*, 112-20; Olsen, *A Semantic and Pragmatic*, 30.

[117] The Master's Seminary, "Basics of Verbal Aspect in Biblical Greek", http://www.tms.edu/ Journal BookReview.aspx?ID=670 (10 de enero de 2015).

[118] Campbell, *Basics of Verbal Aspect*, 49.

[119] Constantine R. Campbell, *Verbal Aspect, the Indicative Mood, and Narrative: Soundings in the Greek of the New Testament* (Nueva York: Peter Lang, 2007), 184-89.

[120] Campbell, *Basics of Verbal Aspect*, 51.

[121] Albert Rijksbaron, *The Syntax and Semantics of the Verb in Classical Greek: An Introduction* (Amsterdam: Gieben, 1984), 36.

[122] Campbell, *Basics of Verbal Aspect*, 110-11.

2.4.2.3.1 Perfecto indicativo

En una narrativa, el contexto más próximo del perfecto indicativo es ideal para presentar discursos directos e indirectos.[123]

> Mr 5:19 καὶ οὐκ ἀφῆκεν αὐτόν, ἀλλὰ λέγει αὐτῷ· ὕπαγε εἰς τὸν οἶκόν σου πρὸς τοὺς σοὺς καὶ ἀπάγγειλον αὐτοῖς ὅσα ὁ κύριός σοι πεποίηκεν καὶ ἠλέησέν σε.
> "Y no le permitió sino dice a él: Vete a tu casa, a los tuyos, y cuéntales las cosas que el Señor ha hecho por ti y cuánta misericordia te tuvo".

> Jn 7:28 ἔκραξεν οὖν ἐν τῷ ἱερῷ διδάσκων ὁ Ἰησοῦς καὶ λέγων· κἀμὲ οἴδατε καὶ οἴδατε πόθεν εἰμί· καὶ ἀπ' ἐμαυτοῦ οὐκ ἐλήλυθα, ἀλλ' ἔστιν ἀληθινὸς ὁ πέμψας με, ὃν ὑμεῖς οὐκ οἴδατε
> "Entonces mientras Jesús enseñaba en el templo gritó: Y me conocéis y conocéis de dónde soy, y no he venido solo por iniciativa propia, sino que el que me envió es verdadero, el cual vosotros no conocéis".

> Jn 11:27 λέγει αὐτῷ· ναὶ κύριε, ἐγὼ πεπίστευκα ὅτι σὺ εἶ ὁ χριστὸς ὁ υἱὸς τοῦ θεοῦ ὁ εἰς τὸν κόσμον ἐρχόμενος
> "Dice a Él: Sí, Señor, yo he creído que tú eres el Cristo el Hijo de Dios el que viene al mundo".

> Jn 14:29 καὶ νῦν εἴρηκα ὑμῖν πρὶν γενέσθαι, ἵνα ὅταν γένηται πιστεύσητε
> "Y ahora os lo he dicho antes que suceda, para que cuando suceda creáis".

2.4.2.3.2 Participio perfecto

El participio perfecto aparece 673 veces y es usado para expresar una acción anterior o contemporánea a la del verbo principal. Y en cuanto a valor espacial, el participio perfecto denota proximidad.[124]

---

[123] Ibíd., 104.
[124] Ibíd., 110-11.

> Jn 1:51 καὶ λέγει αὐτῷ· ἀμὴν ἀμὴν λέγω ὑμῖν, ὄψεσθε τὸν οὐρανὸν <u>ἀνεῳγότα</u> καὶ τοὺς ἀγγέλους τοῦ θεοῦ ἀναβαίνοντας καὶ καταβαίνοντας ἐπὶ τὸν υἱὸν τοῦ ἀνθρώπου
> "Y le dice: ciertamente, ciertamente digo a vosotros, miraréis el cielo <u>abriéndose</u> y a los ángeles de Dios que suben y bajan sobre el Hijo del Hombre".

> Ap 19:20 καὶ ἐπιάσθη τὸ θηρίον καὶ μετ' αὐτοῦ ὁ ψευδοπροφήτης ὁ ποιήσας τὰ σημεῖα ἐνώπιον αὐτοῦ, ἐν οἷς ἐπλάνησεν τοὺς λαβόντας τὸ χάραγμα τοῦ θηρίου καὶ τοὺς προσκυνοῦντας τῇ εἰκόνι αὐτοῦ· <u>ζῶντες</u> ἐβλήθησαν οἱ δύο εἰς τὴν λίμνην τοῦ πυρὸς τῆς καιομένης ἐν θείῳ
> "Y fue agarrada la bestia y con ella el falso profeta, el que hacía las señales delante de ella, con las cuales engañó a los que recibieron la marca de la bestia y a los que adoraban su imagen; <u>estando todavía vivos</u> fueron echados los dos al lago de fuego, el que arde con azufre".

2.4.2.4 Pluscuamperfecto

El tiempo pluscuamperfecto es usado 86 veces en el Nuevo Testamento griego, y solo se lo encuentra en modo indicativo. Campbell opina que, así como el perfecto y el presente tienen paralelos de uso, así también el pluscuamperfecto los tiene con el imperfecto. Por lo tanto, cree que el pluscuamperfecto es aspectualmente imperfectivo, lo cual implica que en una narración se usará para brindar información que complementará la información suplementaria ya dada, como por ejemplo dar el contexto o explicar algún asunto. En cuanto a valor espacial, cree que denota mayor lejanía.[125]

> Lc 4:29 καὶ ἀναστάντες ἐξέβαλον αὐτὸν ἔξω τῆς πόλεως καὶ ἤγαγον αὐτὸν ἕως ὀφρύος τοῦ ὄρους ἐφ' οὗ ἡ πόλις <u>ᾠκοδόμητο</u> αὐτῶν ὥστε κατακρημνίσαι αὐτόν
> "Y habiéndose levantado lo echaron fuera de la ciudad y lo condujeron a la cima del monte sobre el cual <u>había sido construida</u> su ciudad para arrojarlo".

---

[125] Ibíd., 52.

Lc 22:13 ἀπελθόντες δὲ εὗρον καθὼς <u>εἰρήκει</u> αὐτοῖς καὶ ἡτοίμασαν τὸ πάσχα
"Y cuando salieron encontraron tal como les <u>había dicho</u> y prepararon la Pascua".

Jn 9:22 ταῦτα εἶπαν οἱ γονεῖς αὐτοῦ ὅτι ἐφοβοῦντο τοὺς Ἰουδαίους· ἤδη γὰρ <u>συνετέθειντο</u> οἱ Ἰουδαῖοι ἵνα ἐάν τις αὐτὸν <u>ὁμολογήσῃ χριστόν,</u> ἀποσυνάγωγος γένηται
"Estas cosas dijeron sus padres porque tenían miedo a los judíos, pues ya <u>habían acordado</u> los judíos que si alguno le confesara como Cristo fuera expulsado de la sinagoga".

Hasta aquí, se han presentado las diferentes opiniones de los eruditos acerca de la teoría de aspecto verbal griego. Pero McKay agrega un dato más opinando que el uso aspectual depende muy estrechamente del contexto, el cual el escritor original daba por conocido por parte de sus lectores originales, pero que los lectores actuales distan por muchos años. Por lo tanto, los lectores actuales deben tener cuidado y no esperar un sistema tan organizado mecánicamente donde sus denotaciones sean predecibles, o sea, siempre existirán excepciones a las reglas. Por lo tanto, él propone que la clave para una correcta exégesis debe buscarse en el contexto original.[126]

2.4.3 Aspecto neutro (tiempo futuro)

En cuanto al futuro aparece 1623 veces en el Nuevo Testamento griego, casi en su totalidad en modo indicativo. En este trabajo será tratado como un apartado especial, ya que ha causado algunas controversias entre los eruditos respecto a su aspecto verbal. Porter dice que parece que gran parte del problema es que los gramáticos han intentado colocarlo dentro de las categorías ya establecidas; pero para él, es aspectualmente vago.[127] Según McKay, es una combinación de perfectivo e imperfectivo.[128] Por su parte, Campbell cree que posee un aspecto perfectivo,[129] y que siempre se refiere a una referencia temporal

---

[126] McKay, "Aspect in Imperatival Constructions", 202-04.
[127] Porter, *Verbal Aspect in the Greek of the New Testament,* 413.
[128] Campbell, *Basics of Verbal Aspect*, 28.
[129] Campbell, *Verbal Aspect, the Indicative Mood, and Narrative*, 127-60.

futura, la cual implica, semánticamente, lejanía (remota).[130] Luego de comparar la evidencia de cada autor, se cree más convincente la que presenta Porter, el cual agrega (y también Decker) [131] que el futuro denota un matiz semántico de expectativa.[132] Luego, en cuanto a los usos, el futuro puede encontrarse en mandatos que implican prohibiciones referentes al Antiguo Testamento; en oraciones que describen eventos que ocurren regularmente en el tiempo, también llamados "gnómicos"; o en predicciones de eventos futuro.[133] A continuación se presentan algunos ejemplos.

Mt 5:27 Ἠκούσατε ὅτι ἐρρέθη· οὐ μοιχεύσεις
"Habéis oído que se dijo: No cometerás adulterio".

Mt 10:29 οὐχὶ δύο στρουθία ἀσσαρίου πωλεῖται; καὶ ἓν ἐξ αὐτῶν οὐ πεσεῖται ἐπὶ τὴν γῆν ἄνευ τοῦ πατρὸς ὑμῶν
"¿No se venden dos pajarillos por un cuarto? Y ni uno de ellos caerá a tierra sin permitirlo vuestro Padre".

Mr 1:8 ἐγὼ ἐβάπτισα ὑμᾶς ὕδατι, αὐτὸς δὲ βαπτίσει ὑμᾶς ἐν πνεύματι ἁγίῳ
"Yo los bauticé con agua, pero Él los bautizará con Espíritu santo".

Mr 10:33 ὁ υἱὸς τοῦ ἀνθρώπου παραδοθήσεται τοῖς ἀρχιερεῦσιν
"el Hijo del Hombre será entregado a los principales sacerdotes".

Mr 16:7 ἀλλὰ ὑπάγετε εἴπατε τοῖς μαθηταῖς αὐτοῦ καὶ τῷ Πέτρῳ ὅτι προάγει ὑμᾶς εἰς τὴν Γαλιλαίαν· ἐκεῖ αὐτὸν ὄψεσθε, καθὼς εἶπεν ὑμῖν
"Pero id decid a sus discípulos y a Pedro: Él va delante de vosotros a Galilea; allí lo veréis tal como os dijo".

Jn 16:13-14 ὅταν δὲ ἔλθῃ ἐκεῖνος, τὸ πνεῦμα τῆς ἀληθείας, ὁδηγήσει ὑμᾶς ἐν τῇ ἀληθείᾳ πάσῃ· οὐ γὰρ λαλήσει ἀφ᾽ ἑαυτοῦ, ἀλλ᾽ ὅσα ἀκούσει λαλήσει καὶ τὰ ἐρχόμενα ἀναγγελεῖ ὑμῖν

---

[130] Campbell, *Basics of Verbal Aspect*, 85.
[131] Decker, *Temporal Deixis of the Greek*, 112.
[132] Porter, *Verbal Aspect in the Greek of the New Testament*, 438.
[133] Ibíd., 416.

ἐκεῖνος ἐμὲ <u>δοξάσει</u>, ὅτι ἐκ τοῦ ἐμοῦ <u>λήμψεται</u> καὶ <u>ἀναγγελεῖ</u> ὑμῖν

"Pero cuando venga Aquél, el Espíritu de verdad, os <u>guiará</u> en toda la verdad, porque no <u>hablará</u> por sí mismo, sino cuantas cosas <u>oirá</u>, <u>hablará</u> y las cosas que vienen os <u>anunciará</u>. Aquél me <u>glorificará</u>, porque de lo mío <u>recibirá</u> y os <u>anunciará</u>".

Fil 1:25 καὶ τοῦτο πεποιθὼς οἶδα ὅτι μενῶ καὶ παραμενῶ πᾶσιν ὑμῖν εἰς τὴν ὑμῶν προκοπὴν καὶ χαρὰν τῆς πίστεως

"Y de esto persuadido sé que permaneceré y continuaré con todos vosotros para vuestro progreso y alegría de la fe".

2.5 Conclusión

Como conclusión de este capítulo acerca de la funcionalidad del aspecto verbal en el griego koiné, se puede decir que las referencias temporales no enmarcan tiempo cronológico, sino que denotan aspecto verbal, el cual puede ser perfectivo o imperfectivo. Al respecto, Porter opina que "las formas léxicas de los tiempos verbales no comportan sentido de tiempo cronológico en sí mismas, sino que se les atribuye ese sentido en la interacción más amplia de las formas dentro del contexto estructural.[134] En palabras de Marta Alesso, acerca de la obra de Porter, *Verbal Aspect in the Greek of New Testament*, concluye lo siguiente.

> Se hace indispensable examinar el uso de la lengua en el contexto sociocultural que surgen los textos del NT para poder percibir con claridad el uso funcional del lenguaje. Las indagaciones sobre el discurso demuestran que hay que examinar la lengua orientándose hacia un nivel más amplio que la oración. El método debe ser sucesivamente ascendente (partir de la morfología hasta alcanzar el discurso), y descendente (analizar el modo en que el discurso influye sobre las unidades inferiores). El tratamiento del aspecto verbal como categoría semántica es una

---

[134] Robert E. Picirilli, "The Meaning of the Tenses in New Testament Greek: Where Are We?", *Journal of the Evangelical Theological Society* 48/3 (septiembre de 2005): 538.

2. Funcionalidad del aspecto verbal en el idioma griego koiné

necesidad actual del lingüista que enseña griego para poder relacionar morfología y semántica.[135]

Entonces, Porter (más radicalmente) y Campbell observan que, por un lado, los tiempos verbales de aspecto perfectivo se usan para recapitular un evento, ya que el relator desea comunicar una acción como completa o completada. Y, por otro lado, los tiempos verbales de aspecto imperfectivo manifiestan que el relator desea comunicar la acción desde el interior de la misma brindando detalles, información suplementaria, antecedentes o, especialmente, el perfecto enmarcando énfasis.[136] Así, en teoría de aspecto, el que habla o escribe escoge presentar la acción o estado de cierta manera. Eso no significa necesariamente que la acción o estado ocurrió de cierta manera. Eso explica las variantes de tiempo en los evangelios sinópticos, por ejemplo.[137]

Fanning, por su lado, cree que los aspectos verbales sirven de una manera secundaria para reflejar la importancia de los eventos registrados en una narrativa. Por ejemplo, los verbos utilizados en un primer plano serán perfectivos, y los utilizados para dar detalles serán imperfectivos.[138] Ya que una referencia temporal no expresa el tiempo cronológico, entonces Andrew Naselli opina que para determinarlo se deberá observar detenidamente los lexemas, el contexto y los indicadores deícticos (como los adverbios temporales).[139]

En cuanto a la distinción entre aspecto verbal y *Aktionsart*, Robert Picirilli cree que Porter exagera cuando exige un cambio de paradigma que reemplace completamente todas las categorías tradicionales.[140] Por su parte, Grant Osborne, opina que los verbos son ciertamente usados dentro de parámetros y contextos específicos. Por tanto, recomienda el uso de los verbos con el uso tradicional y también el aspectual. Y además, sugiere considerar la teoría aspectual como un suplemento valioso para la teoría tradicional y formular todas las

---

[135] Alesso, reseña de Stanley Porter, "Verbal Aspect in the Greek".
[136] Picirilli, "The Meaning of the Tenses", 540.
[137] Para leer más acerca del tema, véase Campbell, *Advances in the Study of Greek*, 124-26.
[138] Fanning, *Verbal Aspect,* 191.
[139] Naselli, "A Brief Introduction to Verbal Aspect".
[140] Picirilli, "The Meaning of the Tenses", 538.

preguntas (desde las teorías tradicional y aspectual) al estudiar un contexto, entonces ver cuál funciona mejor.[141]

Naselli también opina al respecto diciendo que la importancia exegética de la teoría de aspecto verbal no cambia drásticamente si se compara con gramáticas tradicionales, pero sí expresa más correctamente un argumento exegético con respecto a una referencia temporal. También, al hacer la distinción entre *Aktionsart* y aspecto verbal, se agrega una perspectiva de la exégesis de los verbos griegos más matizada y sutil, consistente y realmente explicativa.[142] Así, la teoría de aspecto verbal contribuye a la exégesis, explicando la perspectiva del autor frente a una situación. También sirve como función discursiva útil en la narrativa.[143]

En cuanto a las dificultades que se pueden observar en el estudio de la teoría de aspecto verbal, Picirilli opina que existen varias cuestiones sin resolver. Por ejemplo, el uso de terminología demasiado técnica.

> Porter, especialmente, se ha empeñado en utilizar vocabulario muy técnico y poco accesible a la mayoría de estudiosos del griego bíblico. Esto hace que el tema sea poco entendible para la mayoría de los que podrían estar interesados en el tema.[144]

"Pero eso no es cierto en el caso de Campbell, quien tiene muchos seguidores hoy, precisamente por su manera sencilla de comunicar sus ideas".[145] Y, por otro lado, otra dificultad podría ser la cuestión de la subjetividad. Los eruditos no se han puesto de acuerdo en cuanto al grado de subjetividad del aspecto verbal.[146] Al respecto, McKay opina lo siguiente.

> No disponemos de mucha ayuda para la comprensión de la intensión del autor. El escritor pudo haber tenido la confianza de

---

[141] Grant R. Osborne, *The Hermeneutical Spiral: A Comprehensive Introduction to Biblical Interpretation* (Downers Grove: InterVarsity, 2006), 69; Picirilli, "The Meaning of the Tenses", 547.

[142] Naselli, "A Brief Introduction to Verbal Aspect".

[143] Ibíd.

[144] Picirilli, "The Meaning of the Tenses", 541.

[145] Morales, entrevista personal, Guatemala, 20 de marzo de 2015.

[146] Picirilli, "The Meaning of the Tenses", 541-53.

que sus lectores estaban familiarizados con el contexto y no reparó en qué tipo de aspecto estaba utilizando.[147]

Por lo tanto, se concluye que en la búsqueda de la relevancia del aspecto se debe ser consciente de que la complejidad será grande porque involucra supuestos dichos e intenciones del escritor y, al ser subjetivos, no serán completamente probables.

---

[147] McKay, "Aspect in Imperatival Constructions", 204.

CAPÍTULO 3

FUNCIONALIDAD DEL ASPECTO VERBAL EN EL IDIOMA ESPAÑOL

3.1 Introducción

Para una correcta comprensión del sistema verbal español y una exégesis acertada, "es de primera importancia la correcta interpretación del aspecto verbal, pues el sentido de un pasaje puede cambiar según el aspecto que se atribuya a las formas verbales que en él aparecen".[1] Por lo tanto, en este capítulo se presenta un estudio acerca de la funcionalidad del aspecto verbal en este idioma. Primero se brinda un breve panorama de las nociones de aspecto verbal dadas por los eruditos; luego, las diferentes distinciones del comportamiento aspectual de las formas verbales del idioma español. Y, por último, se concluye el capítulo con un resumen de los aspectos sobresalientes.

3.2 Breve panorama de las nociones de aspecto verbal brindadas por los eruditos

Respecto a las nociones de aspecto verbal brindadas por los eruditos,[2] se puede leer en la *Nueva gramática de la lengua española* del 2009 lo siguiente.

> Constituye una polémica tradicional no resuelta la presencia que debe otorgarse en español a la noción de "aspecto". Las respuestas que se han dado en los estudios clásicos y en los modernos son sumamente variadas: desde

---

[1] Juan Mateos, *El aspecto verbal en el Nuevo Testamento*, tomo 1 de *Estudios de Nuevo Testamento* (Madrid: Cristiandad, 1977), 15.

[2] Para ver más extensamente la historia de la noción de aspecto, ver José Roca Pons, *Estudios sobre perífrasis verbales del español* (Madrid: Consejo Superior de Investigaciones Científicas, 1958), 51-60, citado en Montserrat Veyrat-Rigat, "El aspecto verbal" en *Aspecto, perífrasis y auxiliación: un enfoque perceptivo* (1993), http://www.academia.edu/188648/Aspecto_Perifrasis_y_Auxiliacion_un_enfoque_perceptivo._Cap._1_El_aspecto_verbal (22 de febrero de 2015).

"ninguna" o "mínima" hasta "máxima", pasando por varios estadios intermedios.[3]

Rafael Guzmán Tirado y Manuela Herrador del Pino, han observado que "las innumerables definiciones de aspecto existentes, a veces contradictorias entre sí, son una prueba clara de que nos encontramos ante una categoría especialmente compleja".[4] Por lo tanto, a continuación se presentará un breve panorama acerca de los antecedentes históricos de dichas discusiones hasta la actualidad y las opiniones acerca de la funcionalidad del aspecto verbal en el idioma español.

A través de los tiempos se ha llamado "aspecto" a fenómenos muy variados. Pero, como se dijo en el capítulo anterior de esta obra, los primeros en darse cuenta de su existencia en las formas verbales, fueron los filósofos griegos estoicos[5] con Dionicio Tracio.[6] Luego, los gramáticos latinos también observaron esta categoría, que más tarde se denominó "imperfectivo/perfectivo", y la concibieron como una oposición.[7]

Dicha clasificación tuvo como consecuencia, primero, un predominio de la idea temporal sobre el valor aspectual y, segundo, una confusión entre estas dos categorías. Como las gramáticas se han seguido concibiendo con base en el modelo latino, ese predominio y esa confusión se han hecho patentes en el estudio de las lenguas románicas.[8]

---

[3] Real academia española, *Morfología y Sintaxis I*, volumen 1 de *Nueva gramática de la lengua española* (Madrid: Espasa, 2009), 23.2c.

[4] Rafael Guzmán Tirado y Manuela Herrador del Pino, "El aspecto verbal en español: historia de la cuestión y nuevas aportaciones a su estudio", *Cultura y comunicación* 96 (2002): 27.

[5] John Lyons, *Introduction to Theoretical Linguistics* (Cambridge: Cambridge University Press, 1969), 313-14, citado en Lucía Tobón de Castro y Jaime Rodríguez Rondón, "Algunas consideraciones sobre el aspecto verbal en español", *Thesaurus* XXXIX/1 (1974): 35.

[6] Stanley E. Porter, *Verbal Aspect in the Greek of New Testament with Reference to Tense and Mood* (Nueva York: Peter Lang, 2003), 18-20.

[7] J. Holt, "Études d'aspect", *Acta Jutlandica* XV/2 (1943): 5, citado en Veyrat-Rigat, "El aspecto verbal".

[8] Tobón de Castro y Rodríguez Rondón, "Algunas consideraciones", 35.

Posteriormente, los gramáticos checos observaron el aspecto en las lenguas eslavas, "en las cuales existen parejas de verbos que expresan la oposición aspectual (perfectivo/imperfectivo) y cada uno de estos verbos tienen su propia conjugación temporal".[9] En 1880, el lingüista alemán Georg Curtius, comenzó a diferenciar entre "tiempo y aspecto"[10] acuñando el nombre *Zeitart* (tipo de tiempo) que luego fue reemplazado por *Aktionsart* (tipo de acción), para describir el tiempo en términos "puntual/durativo".[11]

Para el idioma español, el precursor del estudio de aspecto verbal se remonta al siglo XIX y fue el venezolano Andrés Bello, "quien clasificó los verbos en permanentes y desinentes, pero incurrió en el error de considerar como gramaticales hechos puramente lexicales".[12] Su teoría se basaba en que el desinente marca un enunciado cuya realización ha de terminar para ser completa y cumplirse, por ejemplo, *disparar*. Y el permanente expresa una noción en curso que no precisa concluir para hacerse realidad, por ejemplo, *vivir* o *ser*. Pero, esta teoría no siempre se cumple.[13]

Luego, ya en el siglo XX, Manuel Criado de Val, observó "una triple estructura formada por un esquema temporal, uno aspectual y otro, modal, concibiendo aspecto como resultante de procedimientos gramaticales fijos tales como la flexión verbal, la composición y la derivación".[14] Pero, específicamente en cuanto a importancia de uno y de los otros, dijo lo siguiente:

> Históricamente, y ateniéndonos al campo de las lenguas indoeuropeas, parece demostrado que el aspecto pierde importancia a medida que las lenguas progresan por el camino analítico y se preocupan más por precisar el dato temporal.[15]

---

[9] Veyrat-Rigat, "El aspecto verbal".
[10] Georg Curtius, *The Greek Verb: Its Structure and Development* (Londres: John Murray, 1880), en Constantine R. Campbell, *Basics of Verbal Aspect in Biblical Greek* (Grand Rapids: Zondervan, 2008), 27, n 2.
[11] Rodney J. Decker, *Temporal Deixis of the Greek Verb in the Gospel of Mark with Reference to Verbal Aspect* (Nueva York: Peter Lang, 2001), 6.
[12] Tobón de Castro y Rodríguez Rondón, "Algunas consideraciones", 36.
[13] Guzmán Tirado y Herrador del Pino, "El aspecto verbal en español", 30.
[14] Manuel Criado de Val, *Sintaxis del verbo español moderno* (Madrid: Consejo Superior de Investigaciones Científicas, 1948), 36.
[15] Ibíd., 14.

3. Funcionalidad del aspecto verbal en el idioma español

Respecto a esta última declaración, Lucía Tobón de Castro y Jaime Rodríguez opinan que "el esquema temporal y el aspectual se han confundido, debido a que, en general, todas las formas verbales del español combinan tiempo y aspecto".[16] Y además, respecto al tiempo, agregan lo siguiente:

> La confusión con la categoría de tiempo se debe a que las nociones de tiempo, modo y aspecto se intersectan, porque ciertos sentidos podrían ser tomados indistintamente como modales, aspectuales o temporales, y porque la distinción entre estos conceptos se ha hecho más a nivel semántico que a nivel morfológico o sintáctico.[17]

Su teoría afirma que el proceso verbal es dinámico y se encuentra conformado por dos ejes, uno lineal y otro vertical. El primero, representa el desarrollo de dicho proceso, y el segundo, el acto de verbalización. Un punto localizado en cualquier momento del proceso es tiempo verbal (presente, pretérito, imperfecto, etc.). Y luego, en cada punto puede darse los tres valores aspectuales, "término", "no-término" y "duración".[18]

Por su parte, la opinión de Wolf Dietrich es más radical diciendo que el sistema verbal es fundamentalmente temporal. A continuación se expresan sus conclusiones.

> El sistema verbal románico parece constar de varias capas, concretamente de un sistema fundamental y distintas determinaciones ulteriores, de las que, a su vez, la segunda perspectiva, la visión y partes de la fase parecen ser centrales y estar así mucho más gramaticalizadas en sus realizaciones que las categorías de la repetición, el cumplimiento, el resultado y la colocación. De esta forma se refuerza además, la concepción de que el sistema verbal románico es, en el fondo, un sistema temporal, pues el sistema fundamental mencionado está referido esencialmente al tiempo.[19]

---

[16] Tobón de Castro y Rodríguez Rondón, "Algunas consideraciones", 39.
[17] Ibíd., 35-36.
[18] Ibíd., 39.
[19] Wolf Dietrich, *El aspecto verbal perifrástico en las lenguas románicas* (Madrid: Gredos, 1983), 226.

Otra opinión de aspecto verbal es la dada por algunos eruditos[20] que creen que existe un sistema de oposiciones de tiempos simples y compuestos totalmente simétricos. La evolución del sistema verbal del latín ha ido convirtiendo las distinciones aspectuales de *Infectum* y *Perfectum* en distinciones temporales. Pero otros[21] opinan que, aunque sí existe oposición en algunas formas verbales, esta no es temporal sino aspectual (perfectivo/imperfectivo).

Los verbos tienen una conjugación temporal donde existen formas delimitadas (las compuestas) que se ocupan de expresar la aspectualidad, es decir, la significación del verbo como acción cumplida, frente a otras formas no delimitadas (las simples) que se ocupan de expresar la significación del verbo como acción no cumplida.[22]

Además de todos los aportes presentados hasta aquí, se cree que el gramático que más ha influenciado en los estudios del aspecto en español, es el lingüista catalán José Roca Pons,[23] quien estableció una clara distinción entre aspecto (noción que va inseparablemente unida con la de término del proceso) y *Aktionsart* (modo de acción).[24] Respecto a esto, fue muy importante la distinción porque había habido mucha confusión entre los eruditos.[25] Por ejemplo, Fernando Lázaro Carreter en su *Diccionario de términos filológicos* utiliza el término *Aktionsart* como sinónimo de "aspecto".[26]

Esta confusión tiene sus raíces en "tratar de acomodar la estructura específica en cada caso a lo que es el patrón del aspecto

---

[20] Por ejemplo, Guillermo Rojo, "Temporalidad y aspecto en el verbo español", *Lingüística Española Actual* X (1988): 208, citado en Guzmán Tirado y Herrador del Pino, "El aspecto verbal en español", 29.

[21] Por ejemplo, Luis García Fernández, *El aspecto gramatical en la conjugación* (Madrid: Arco Libros, 1998), 16; Veyrat-Rigat, "El aspecto verbal".

[22] Ibíd.

[23] Tobón de Castro y Rodríguez Rondón, "Algunas consideraciones", 36; Guzmán Tirado y Herrador del Pino, "El aspecto verbal en español", 32.

[24] Roca Pons, *Estudios sobre perífrasis verbales*, 36-37.

[25] Para una explicación detallada acerca de la fundamentación lingüística en la distinción entre aspecto y *Aktionsart*, ver Francisco Albertuz, "En torno a la fundamentación lingüística de la *Aktionsart*", *Verba* 22 (1995): 285-337.

[26] Fernando Lázaro Carreter, *Diccionario de términos filológicos* (Madrid: Gredos, 1968), 117.

tomado de las lenguas eslavas".[27] Pero, como bien expresa Luis García Fernández, "aspecto es una noción semántica de manifestación morfológica, mientras que el concepto de modo de acción (*Aktionsart*) es eminentemente léxico".[28]

> El modo de acción (*Aktionsart*) ha sido designado como aspecto objetivo en el sentido de que es intrínseco. Mientras que el aspecto propiamente dicho se ha denominado como aspecto subjetivo porque permite al hablante, en términos generales, adoptar un punto de vista u otro con respecto a los predicados".[29]

Por ejemplo, en las siguientes oraciones, *En diciembre estuve en Argentina* y *En diciembre estaba en Argentina*, en la primera, se habla de una estancia que empezó y terminó; mientras que en la segunda, no se sabe si terminó o no. Los diferentes tiempos verbales marcan una diferencia de aspecto, donde el primero es perfectivo y, el segundo, imperfectivo.

La definición dada en el 2009 por la Real Academia Española acerca de aspecto verbal es la siguiente.

> Los verbos y las perífrasis verbales poseen una propiedad llamada aspecto verbal, la cual señala la estructura interna de los eventos, o sea, la manera en que surgen, se desarrollan, se repiten y/o terminan, pero también de si se perciben en su integridad o se muestran únicamente algunos de sus segmentos.[30]

Entonces, se puede decir que el aspecto es una categoría no deíctica porque no depende de la situación concreta comunicativa para su plena interpretación semántica.[31] Y, se ocupa de las diferencias en el desarrollo de un evento, las cuales se expresan a través de la morfología del verbo.[32] Es decir, el aspecto verbal indica el tiempo interno de la acción expresada por el verbo. Por ejemplo, *Luisa amó/Luisa amaba*,

---

[27] Para una explicación detallada acerca de la distinción entre aspecto y *Aktionsart*, ver Milagros Fernández Pérez, "Sobre la distinción Aspecto vs. *Aktionsart*", *Estudios de Lingüística de la Universidad de Alicante* 9 (1993): 223-51.
[28] García Fernández, *El aspecto gramatical*, 10.
[29] Albertuz, "En torno a la fundamentación lingüística de la *Aktionsart*", 285.
[30] NGLE, 23.2.
[31] García Fernández, *El aspecto gramatical*, 15.
[32] Ibíd., 11.

indica si la acción verbal ya ha acabado (*amó*), o si está en proceso o desarrollo (*amaba*).

Es la relación temporal no deíctica entre dos intervalos de tiempo, donde el primer intervalo es el tiempo real de la situación, y el segundo, la parte de la situación que hace visible el aspecto. Este segundo intervalo es el que se afirma en la oración. En cambio, el primero debe ser deducido del contexto.[33]

La siguiente oración ilustra lo dicho anteriormente: *Hace una hora Andrea leía la obra de Asturias, "El señor presidente"*.[34] Como el aspecto solo hace visible una parte de la situación, no se puede concluir que Andrea ya acabara de leer el libro al momento de la enunciación (ni siquiera que lo haya seguido leyendo hasta el momento de la enunciación). Aunque sí el contexto de la situación, o sea, la cantidad de páginas del libro (190, aproximadamente) permitiría deducir que esta posibilidad es poco probable, salvo que ella hubiera comenzado a leer antes de que el hablante la viera leyendo.[35]

Entonces, se puede concluir que el aspecto no supone, a diferencia de la categoría tiempo, ubicación alguna, pero sí tiene en cuenta, al considerar la acción aislada, el factor temporal que subyace a su realización, desarrollo y conclusión. Por ello, aunque no debe confundirse, existe una relación entre ambas categorías. El aspecto no indica si la acción es presente, pasada o futura respecto al momento del hablante, sino que indica la medición interna del proceso verbal con referencia al término o transcurso del mismo proceso. Por ejemplo, *amó/amaba* indican acciones que ya se han dado en el pasado, pero *amó* indica que la acción ya se había acabado en ese momento del pasado, y *amaba* expresa que la acción estaba desarrollándose en el pasado.[36]

---

[33] Ibíd., 14.

[34] Las oraciones que se presentarán como ejemplo, serán tomadas y/o modificadas de García Fernández, *El aspecto gramatical*; y de NGLE, salvo que se indique otra fuente.

[35] García Fernández, *El aspecto gramatical*, 14.

[36] Centro Aragonés de tecnologías para la educación, "Aspecto", http://cprcalat. educa.aragon.es/ VERBOS/aspecto.htm (9 de marzo de 2015).

3.3 Las diferentes distinciones del comportamiento aspectual de las formas verbales

Según la Real Academia Española,[37] las formas verbales se clasifican tradicionalmente según los tres criterios siguientes. El primero, según su estructura morfológica dividiéndose en tiempos simples y compuestos; el segundo, según su anclaje temporal dividiéndose en absolutos y relativos;[38] y el tercero, según sus características aspectuales dividiéndose en perfectivos e imperfectivos. De acuerdo con el primer criterio, a continuación se presenta una tabla ilustrando la clasificación según la estructura morfológica.

	Modo indicativo	Modo subjuntivo
Formas simples	Presente (canto) Pretérito perfecto simple (canté) Pretérito imperfecto (cantaba) Futuro simple (cantaré) Condicional simple (cantaría)	Presente (cante) Pretérito imperfecto (cantara o cantase) Futuro simple (cantare)
	Modo indicativo	**Modo subjuntivo**
Formas compuestas	Pretérito perfecto compuesto (he cantado) Pretérito pluscuamperfecto (había cantado) Pretérito anterior (hube cantado) Futuro compuesto (habré cantado) Condicional compuesto (habría cantado)	Pretérito perfecto compuesto (haya cantado) Pretérito pluscuamperfecto (hubiera o hubiese cantado) Futuro compuesto (hubiere cantado)

Tabla 3.1: Formas simples y compuestas del modo indicativo y subjuntivo

En cuanto a las formas verbales compuestas, se forman con el auxiliar *haber* y el participio del verbo principal. En latín las perífrasis

---

[37] NGLE, 23.1g.
[38] Los tiempos absolutos se orientan a partir del momento del habla (por ejemplo, *El tren salió puntual*); y los relativos orientan la referencia de forma indirecta (por ejemplo, *El revisor anunció que el tren saldría tarde*). Este criterio no será analizado en este trabajo por ser una clasificación controvertida y porque la distinción entre tiempos absolutos y relativos coincide solo en parte con la clasificación en simples y compuestos. Para una explicación detallada del tema, véase Ibíd., 23.1 m-z.

verbales resultativas se formaban con *habēre*. A raíz de esto, se abstrajo un rasgo aspectual, la perfectividad, o sea, la terminación o completitud del evento. Un proceso de gramaticalización ulterior convirtió el sentido terminativo en anterioridad con respecto al punto de referencia correspondiente. Esto permitió que *haber* se usara con cualquier tipo de verbo, no solo con los que expresan acciones delimitadas o sujetas a terminación. En el caso del pretérito perfecto compuesto, el auxiliar *haber* expresa hechos pasados con relevancia presente, lo que permite anclarlo en el momento del habla.[39] Se tratará este tema más adelante.

Siguiendo la clasificación dada en la tabla anterior, también es posible hallar una correspondencia entre los tiempos en modo indicativo y modo subjuntivo.

Modo indicativo	Modo subjuntivo
Presente (viene) Futuro simple (vendrá)	Presente (venga)
Pretérito perfecto compuesto (ha venido) Futuro compuesto (habrá venido)	Pretérito perfecto compuesto (haya venido)
Pretérito perfecto simple (llegó) Pretérito imperfecto (llegaba) Condicional simple (llegaría)	Pretérito imperfecto (llegara, llegase)
Pretérito pluscuamperfecto (había llegado) Condicional compuesto (habría llegado)	Pretérito pluscuamperfecto (hubiera, hubiese llegado)

Tabla 3.2: Correspondencia entre las formas verbales del modo indicativo y del subjuntivo[40]

En cuanto al tiempo verbal en modo indicativo en relación con el tiempo cronológico en español, "permite localizar los sucesos en

---

[39] Ibíd., 23.1i.

[40] El modo indicativo se refiere a acciones concretas, reales y objetivas. El modo subjuntivo expresa deseos, posibilidades, irrealidades. El modo imperativo se emplea para dar órdenes o pedir algo al oyente. Las tablas anteriores no incluyeron el modo imperativo porque este no da lugar a oposiciones o correspondencias temporales. Además, el futuro compuesto del modo subjuntivo no se haya dentro de la última tabla porque se encuentra en desuso, como se explicará más adelante. Ibíd., 23.1g, 24.1a.

relación con el momento en que se habla",[41] como se presenta en la siguiente tabla.[42]

Tiempos verbales del español en modo indicativo	Referencia temporal
Presente	Expresa la coincidencia de la situación designada con el momento del habla.
Pretérito perfecto compuesto	Hace referencia a situaciones pasadas que tienen lugar en un intervalo que se inicia en el pasado y se prolonga hasta el momento del habla.
Pretérito perfecto simple	Localiza una situación en un punto de la línea temporal anterior al momento del habla.
Pretérito imperfecto	Localiza la situación en un momento anterior al momento del habla y sin relación con él.
Futuro simple	Localiza una situación en un punto temporal posterior al momento del habla.
Condicional simple	Localiza un estado de cosas en una situación no actual, sea esta pasada o hipotética.
Pretérito pluscuamperfecto	Designa una situación anterior al momento del habla, la cual, a su vez, es anterior a otra también pasada.
Pretérito anterior	Denota una acción pasada anterior a otra igualmente pasada, y siempre delimitada.
Futuro compuesto y condicional compuesto	Denotan una acción futura anterior a otra también futura. Si la acción denotada es futura respecto del momento del habla, se usa el futuro compuesto. Pero si la acción denotada es pasada respecto al momento del habla, se usa el condicional compuesto.

Tabla 3.3: Tiempos verbales en modo indicativo en relación con el tiempo cronológico

En el caso del tiempo presente indicativo, se debe tener en cuenta que puede usarse con valor de pretérito (Presente histórico: *Sarmiento muere en 1888*, o presente narrativo: *Ayer va mi jefe y me dice...*) o de

---

[41] Real Academia Española y Asociación de Academias de la Lengua Española, *Nueva gramática básica de la lengua española* (Buenos Aires: Espasa, 2011), 144.
[42] Ibíd., 147-150.

futuro (Presente prospectivo: *Llegan mañana*, o presente de mandato: *Vos salís de aquí ahora mismo*).[43]

Luego, teniendo en cuenta el tercer criterio de clasificación de formas verbales de la Real Academia Española, García Fernández presenta una forma de ilustrar el comportamiento del aspecto verbal del español. Él lo compara con un telescopio el cual permite ver un mismo evento desde enfoques diferentes. La siguiente tabla explica ese comportamiento.[44]

Aspecto verbal	Tiempo verbal	Referencia temporal	Brinda una visión
Imperfectivo	Presente	Presente	Interna, sin mostrar el comienzo ni el final.
	Pretérito imperfecto	Pasada	
Perfectivo (aoristo)	Pretérito perfecto simple (pretérito indefinido)	Pasada	Completa, desde el principio hasta el final.
	Todas las formas compuestas con *haber*		
Neutral	Futuro simple	Futura	Dependiendo de las ocasiones, puede presentar tanto el comportamiento del aspecto imperfecto como el del perfectivo.
	Condicional simple	Futura	
Perfecto	Pretérito perfecto compuesto	Pasada	Puesta sobre los resultados.

Tabla 3.4: Diversidad de aspectos verbales

Por su parte, Tobón de Castro y Rodríguez[45] siguiendo a Roca Pons,[46] opinan que existen tres tipos de aspecto dependiendo del punto

---

[43] Ibíd., 147.
[44] García Fernández, *El aspecto gramatical*, 12-13, 58.
[45] Tobón de Castro y Rodríguez Rondón, "Algunas consideraciones", 39.

de vista del hablante. El aspecto perfectivo que expresa terminación y consecuencias del proceso verbal (esto incluiría el aspecto perfectivo y el perfecto de la tabla anterior). El aspecto durativo que expresa el proceso verbal en su ocurrir, en su acontecer.[47] Y, el aspecto imperfectivo que expresa el proceso verbal como no terminado.

En este trabajo se seguirá la clasificación de la Real Academia Española y de García Fernández, presentado anteriormente. A continuación, se describirá la funcionalidad del aspecto en cada una de las formas verbales, dependiendo su clasificación, ya sea de aspecto imperfectivo, perfectivo (aoristo), neutro o perfecto.

3.3.1 Aspecto perfectivo o aoristo

Como la Real Academia Española[48] y García Fernández[49] afirman, el aspecto perfectivo o aoristo, se manifiesta en tiempos verbales pretérito indefinido (perfecto simple), pretérito pluscuamperfecto y futuro compuesto (García Fernández dice: en todas las formas compuestas con "haber"). Este brinda una visión completa desde el principio hasta el final del evento. El tiempo de la situación coincide con el tiempo focalizado, es decir, la lente permite ver la situación completa y acabada.[50]

Tradicionalmente, se pensaba que la diferencia entre aspecto perfectivo y aspecto imperfectivo, era su sentido de puntualidad y duratividad, respectivamente. Pero, como se verá en los ejemplos a continuación, la diferencia entre ellos no es esa. En la oración *Esteban estornudó* la acción podría referirse a un hecho puntual, pero si se le agrega un marcador de tiempo, *Esteban estornudó toda la mañana,* la acción no es puntual sino durativa. Entonces, como se puede observar las dos oraciones se encuentran en pretérito perfecto simple y su aspecto es perfectivo o aoristo, pero es el contexto el que denota puntualidad o duratividad y no el tiempo verbal. Otro ejemplo, podría ser *Vivió cincuenta años en el campo,* también el verbo se encuentra en

---

[46] José Roca Pons, *El aspecto verbal en español* (Madrid: Consejo Superior de Investigaciones Científicas, 1968), 232.
[47] También llamado por Roca Pons como puntual o complexivo, o sea, una acción momentánea o un proceso verbal durativo, respectivamente. Ibíd.
[48] NGLE, 23.2k.
[49] García Fernández, *El aspecto gramatical*, 20.
[50] Ibíd., 19-20.

pretérito perfecto simple, o sea, su aspecto es perfectivo, pero es un estado mantenido durante un largo periodo de tiempo. Entonces, se puede deducir que el aspecto perfectivo o aoristo presenta situaciones cerradas que se perciben en su totalidad, sin importar si es un evento puntual o durativo.[51] Lo perfectivo hace que la acción se vea en su totalidad sin enfocarse en el desarrollo interno. O sea, no tiene que ver necesariamente con que si la acción es puntual o durativa.[52]

Por lo dicho anteriormente, el aspecto perfectivo o aoristo es ideal para combinarse con complementos adverbiales que miden la distancia temporal entre el inicio y el final de una situación, por ejemplo, aquellos introducidos por *durante* o *en*.[53] A continuación, se brindan algunos ejemplos.

(1) *Pedro estuvo distraído durante/en la reunión.*
(2) *El jefe se sentó solo durante/en la convocatoria.*
(3) *Durante/en el velorio se mantuvo despierto.*

En estos casos, los complementos introducidos por *durante/en* se comportan como localizadores de la situación verbal con un tiempo determinado, o sea, *la reunión, la convocatoria o el velorio*. Pero, si los complementos son cuantificadores de tiempo cronológico, o sea, *dos horas, una hora, quince minutos*, solo aceptan complementos introducidos por *durante*, como se muestra a continuación.[54]

(4) *Pedro estuvo distraído durante dos horas.*
(4a) *Pedro estuvo distraído en dos horas.* (Oración agramatical)
(5) *El jefe se sentó solo durante una hora.*
(5a) *El jefe se sentó solo en una hora.* (Oración agramatical)
(6) *Durante quince minutos se mantuvo despierto.*
(6a) *En quince minutos se mantuvo despierto.* (Oración agramatical)

---

[51] Como expresa García Fernández, la puntualidad o durabilidad son conceptos propios del modo de acción (*Aktionsart*), o sea, características temporales que los predicados poseen. Son puntuales los predicados que se conciben sin desarrollo interno (*morir, llegar, desmayar,* etc.), mientras que los durativos, sí reconocen un desarrollo (*bailar, comer, leer novelas,* etc.). García Fernández, *El aspecto gramatical,* 35.

[52] Morales, entrevista personal, Guatemala, 10 de marzo de 2015.

[53] García Fernández, *El aspecto gramatical,* 26.

[54] Ibíd., 28-29.

3. Funcionalidad del aspecto verbal en el idioma español

Otra posibilidad de uso del aspecto perfectivo o aoristo es en los predicados télicos, o sea, aquellos predicados que incluyen en su significado la conclusión natural del evento. Los predicados télicos expresan realizaciones y logros. Las primeras son actividades que se dirigen hacia una meta que, una vez alcanzada, supone el fin de la actividad. Y, los segundos, son eventos que denotan cambios de estado. Las siguientes oraciones lo demuestran.

(7) *Ayer por la tarde lavé el auto.* (Donde *lavé el auto* es la realización)
(8) *Durante la fiesta se dio cuenta del engaño.* (Donde *se dio cuenta* es el logro)

Además, el aspecto perfectivo es compatible para presentar dos tipos de valores o modalidades, ya sea, terminativo o ingresivo. En el aspecto perfectivo ingresivo, el complemento temporal señala un punto y este es el inicio de la situación.

(9) *A las doce tocaron la canción de cumpleaños.*

En esta oración, el aspecto perfectivo denota que a las doce comenzaron a tocar la canción de cumpleaños, aunque no indica el momento en que terminó. "Este valor tiene grandes limitaciones de tipo pragmático, ya que solo admite acciones que se desarrollan en espacios de tiempo breves".[55] Por ejemplo, las siguientes son oraciones gramaticalmente aceptables.

(10) *A las seis me duché rápidamente antes de salir al trabajo.*
(11) *A las doce almorzamos una ensalada de zanahorias con huevo.*

Pero la siguiente es una oración agramatical, o sea, gramaticalmente inaceptable porque, normalmente, para pintar una casa se necesita mucho tiempo.

(12) *A las seis pinté mi casa de color rosa.*

---

[55] Ibíd., 21.

En cambio, "si el complemento temporal no señala un punto, sino, un intervalo de tiempo dentro del cual la situación denotada por el predicado tiene lugar",[56] a esto se lo denomina, aspecto perfectivo terminativo. Las siguientes oraciones lo ilustran.

(13) *En 1978 el mundial de futbol fue en Argentina.*
(14) *Ayer comí ravioles.*
(15) *En 1985 visité a la familia de mi novio.*
(16) *La semana pasada tuve faringitis.*
(17) *El año pasado viajé a París.*

Luego, el participio indicará aspecto perfectivo, "por lo que la situación que designa se suele interpretar como un estadio alcanzado con anterioridad al punto indicado por el verbo principal, *La policía encontrará a los rehenes atados a un árbol*".[57] Luego, "las perífrasis de participio muestran concordancia de género y número con el sujeto o con el objeto directo. Los esquemas perifrásticos se restringen a los auxiliares *estar, tener* y *llevar*".[58]

(18) *las cartas están escritas.*
(19) *Yo tengo estudiados los temas.*[59]

3.3.2 Aspecto imperfectivo

Como la Real Academia Española[60] y García Fernández[61] afirman, el aspecto imperfectivo se manifiesta en tiempos verbales de formas personales, presente y pretérito imperfecto. Dicho aspecto brinda una visión interna del evento, sin mostrar su comienzo ni su final. Se presupone que la situación ha comenzado en un momento anterior al tiempo en que se enuncia, y que podría haber finalizado o no al momento de enunciarla. Pero, nunca se puede afirmar completamente que el evento haya finalizado. Respecto a esto, García Fernández opina lo siguiente.

---

[56] Ibíd.
[57] NGBLE, 158.
[58] Ibíd., 162.
[59] Centro Aragonés, "Aspecto".
[60] NGLE, 23.2k.
[61] García Fernández, *El aspecto gramatical*, 20.

Algunos autores hablan de macroevento para el conjunto de las ocurrencias y de microevento para cada una de ellas. Es el macroevento lo que está marcado imperfectivamente y, por lo tanto, abierto; cada uno de los microeventos puede estar cerrado. Pero, aunque se puede delimitar la duración de cada uno de los microeventos, no se puede especificar su número porque ello supondría implícitamente delimitar temporalmente el macroevento, lo que iría en contra de nuestra definición de aspecto imperfecto.[62]

Tanto el presente indicativo como el pretérito imperfecto indicativo focalizan situaciones abiertas y no predican el fin de estas. Por lo tanto, en el caso del pretérito imperfecto, esto lo convierte en la forma apropiada para expresar simultaneidad con respecto al verbo subordinante.[63] Las siguientes oraciones ilustran lo dicho anteriormente.

(20) *José dijo que su hermana estaba enferma.*
(21) *Cuando llegué, hablaba por teléfono con alguien.*
(22) *Siempre que él llegaba, ella preparaba su comida favorita.*
(23) *Hoy mientras iba de camino al trabajo, pensaba en ti.*

También, el aspecto imperfectivo es ideal para predicados estativos permanentes. A continuación se brinda algunos ejemplos gramaticales de aspecto imperfectivo y ejemplos agramaticales de aspecto perfectivo o aoristo, y de aspecto perfecto.

(24) *Damián es/era de Argentina.*
(24a) *Damián fue/ha sido de Argentina.* (Oración agramatical)
(25) *Félix viene/venía de buena familia.*
(25a) *Félix vino/ha venido de buena familia.* (Oración agramatical)
(26) *Josefa tiene/tenía sangre azul.*
(26a) *Josefa tuvo/ha tenido sangre azul.* (Oración agramatical)

---

[62] Ibíd., 26.
[63] Ibíd., 21-22, 25.

La agramaticalidad de las oraciones de aspecto perfectivo o aoristo, y las de aspecto perfecto, se debe a que, el primer aspecto visualiza el inicio y el final de las situaciones, y el segundo se focaliza en los resultados. Pero los predicados estativos permanentes no tienen principio ni fin, ni tampoco buscan resultados, sino que, son eventos ilimitados temporalmente y por esta razón no admiten ni modificación ni especificación temporal.[64]

Luego, el aspecto imperfectivo, al no permitir la visualización del principio ni el final del evento, es incompatible con complementos adverbiales introducidos por *durante* o *en* seguidos de un sintagma nominal cuantificado. A continuación se muestra algunos ejemplos.

(27) *Pedro estaba distraído durante/en quince minutos.* (Oración agramatical)
(28) *El jefe se sienta solo durante/en un día.* (Oración agramatical)

Sin embargo, tanto el presente como el pretérito imperfecto pueden aparecer con este tipo de complementos cuando es posible la lectura con valor habitual. En estos casos es el macroevento el que está marcado imperfectivamente y son los microeventos constitutivos del hábito los que son medidos. La siguiente oración lo ilustra.

(29) *De niña Ana tocaba piano todos los días durante una hora.*

En la oración anterior, el complemento adverbial *durante una hora* mide la distancia entre el inicio y el final de cada uno de los microeventos constitutivos del hábito; es decir, cada vez que Ana tocaba piano lo hacía por un espacio de una hora y la repetición de este hecho constituía un hábito en ella durante su niñez.[65] Esto significa que el aspecto no focaliza el final del hábito y que por lo tanto, este no puede ser visualizado por el complemento adverbial.[66] En cuanto al valor habitual del aspecto imperfectivo, se explicará más detalladamente a continuación.

Luego, tanto el presente como el pretérito imperfecto, pueden presentar tres tipos de valores (la Real Academia Española le llama

---

[64] Ibíd., 39.
[65] Ibíd., 30.
[66] Ibíd., 31.

3. Funcionalidad del aspecto verbal en el idioma español

"modalidades"), ya sea, el habitual, el progresivo o, el continuo. A continuación se presenta una breve descripción de cada uno dando ejemplos para cada caso.

El valor habitual (la Real Academia Española lo llama "iterativo" o "cíclico") habla de situaciones que se repiten a lo largo de un cierto intervalo o que caracterizan a un sujeto; en otras palabras, es la propiedad del sujeto consistente en la regularidad reiterada de un tipo de evento.[67] A continuación se presentan varios ejemplos.

(30) *Cada mañana corro por el parque por dos horas.*
(31) *De pequeño comía siempre en casa de mi abuela.*
(32) *Todos los días domingo voy a la iglesia junto con mi familia.*
(33) *Tradicionalmente, mi abuela cocinaba ñoquis con salsa los días veintinueve de cada mes.*

La Real Academia Española hace la aclaración de que "son muchas las formas verbales perfectivas e imperfectivas con las que se puede hacer referencia a acciones sucesivas o reiteradas",[68] por ejemplo,

(34) *Cada vez que lo intentó, fracasó.*
(35) *Cada vez que lo intentaba, fracasaba.*

Pero, en la oración (34) "la interpretación iterativa está inducida por conjunciones, por adverbios o por información que aporta el contexto",[69] por lo tanto, esta posibilidad está limitada pragmáticamente porque depende de los inductores donde los más comunes son los adverbios de frecuencia, *a menudo, diariamente, habitualmente, ocasionalmente,* etc.[70] En cambio, en la (35) no es necesaria ninguna información extra, ya que solo con la desinencia verbal se puede deducir la habitualidad o iteratividad, *Lo intentaba, fracasaba.*

---

[67] Ibíd., 20.
[68] NGLE, 23.2n.
[69] Ibíd.
[70] Para una explicación más detallada de las expresiones que favorecen una interpretación habitual, véase Ibíd., 23.12c-i.

Respecto al adverbio *siempre,* puede tener dos interpretaciones y va a depender del tipo de aspecto de la forma verbal. Una interpretación puede ser "durante todo el periodo", y otra, "en cada ocasión". El primer caso, obliga a considerar el principio y el final de la situación, lo que es incompatible con el aspecto imperfectivo, pero compatible con el perfectivo, como se observa a continuación.

(36) *Siempre estuvo con quebrantos de salud.*

La interpretación de esta oración sería que estuvo enfermo toda su vida pero actualmente no, ya sea, porque se curó o porque falleció. Ahora, si el aspecto imperfectivo se combina con *siempre,* como este aspecto solo permite visualizar una parte interna del evento, entonces, no se estará pensando en que la situación ha finalizado de por vida, sino en que era un hecho habitual que se enfermara.

(37) *Siempre estaba con quebrantos de salud.*

En este caso, la interpretación será que, ocasionalmente, se encontraba con quebrantos de salud. Por ejemplo, con cada temporada de invierno se engripaba o en época de primavera se brotaba por la alergia al polen.

También, cuando en una oración de aspecto imperfectivo se usa un complemento adverbial introducido por *en,* que presupone obligatoriamente el final del predicado que modifica, no se está visualizando en sí la acción como completada y finalizada, sino que se está comunicando la habitualidad del evento, lo cual es un valor característico del aspecto imperfectivo. Por ejemplo,

(38) *Cuando era pequeño me bañaba en dos minutos.*[71]

Además, solo las imperfectivas con valor habitual admiten la alternancia "*soler* + infinitivo",[72] como se muestra a continuación.

(39) *Solía intentarlo, pero fracasaba.*
(40) *Cada mañana suelo correr por el parque por dos horas.*

---

[71] García Fernández, *El aspecto gramatical*, 26.
[72] NGLE, 23.2n.

De este último ejemplo se puede deducir que el aspecto imperfectivo no siempre representará una situación en curso, sino que algunas veces podrá representar un evento repetido el cual conforma un hábito.[73] Por otro lado, lo que diferencia el presente habitual del pretérito imperfecto habitual es que uno ubica el evento en el presente y el otro, en el pasado, respectivamente.[74]

El valor progresivo se enfoca en un único punto o único intervalo del desarrollo del evento. El presente progresivo se usa "para hacer referencia a un único intervalo temporal de una situación que se halla en curso en el momento de la enunciación".[75] En cambio, el imperfecto progresivo "se caracteriza por focalizar un único punto (no un periodo) de un predicado (sea télico o atélico) que se presenta en curso, el cual no se repite y no es ingresivo".[76] Los siguientes son ejemplos de aspecto imperfectivo con valor progresivo.

(41) *A las tres salgo/estoy saliendo del trabajo.*
(42) *A las tres salía/estaba saliendo del trabajo.*

"Solo algunos usos del presente y del imperfecto admiten esta modalidad",[77] brindando la opción entre presente/presente continuo, por ejemplo, *salgo/estoy saliendo* y entre imperfecto/imperfecto continuo, por ejemplo, *salía/estaba saliendo*.[78] Como se puede observar, el uso de la perífrasis comunica más acertadamente la idea de acción progresiva o contexto durativo.[79]

También, en predicados que denotan estado, el uso de la perífrasis enfatiza la urgencia de lo que se expresa o la intensidad de lo que se experimenta.[80] Los siguientes ejemplos lo ilustran.

(43) *Se quedaron sin trabajo y están empobrecidos y sin esperanza.*
(44) *Lo que estoy intentando decirles es que necesitamos un cambio.*

---

[73] Ibíd., 23.2n-ñ.
[74] Ibíd., 23.12c; García Fernández, *El aspecto gramatical*, 19.
[75] NGLE, 23.5e.
[76] Ibíd., 23.12t.
[77] Ibíd., 23.2l.
[78] Ibíd., 23.5e.
[79] Ibíd., 23.12b.
[80] Ibíd., 23.5f.

(45) *Ramiro disfruta como nunca lo que está haciendo actualmente.*

El valor continuo focaliza internamente cierta situación en un determinado periodo o intervalo de tiempo continuo. Las siguientes oraciones lo ejemplifican.

(46) *Esta es la casa donde ella vive con su tía.*
(47) *Cuando era joven trabajaba en una fábrica de muebles de cocina.*

"Estos dos imperfectos expresan propiedades pretéritas de alguien, que se presentan como simultáneas, lo que no impide que tengan duración".[81] Este valor también se extiende al pretérito perfecto compuesto en los casos en los que se denota situaciones circunscritas a un periodo que termina en el momento de habla.[82] A continuación se da unos ejemplos.

(48) *En los meses que ella ha vivido aquí, nadie ha llamado a la puerta.*
(49) *Mientras has estado en esta casa, he disfrutado a lo grande.*

El presente continuo es característico de los predicados atélicos que muestran cierto estado episódico, es decir, una necesidad temporal limitada a cierta circunstancia. Este uso del presente se interpreta deícticamente en relación con el momento del habla, pero no es momentáneo. Fuera del contexto no es posible saber cuál es la extensión temporal de las situaciones,[83] como se muestra en la siguiente oración.

(50) *Antes vivía en Argentina, pero ahora vivo en Guatemala.*

Esta oración no indica que en el momento del habla, la persona está en Guatemala, sino que, "en estos tiempos" o "actualmente", ella tiene residencia en Guatemala.

---

[81] Ibíd., 23.2o.
[82] Ibíd.
[83] Ibíd., 23.5d.

El imperfecto continuo también es característico de los predicados atélicos, pero se diferencia del presente continuo en que es relativo respecto al verbo subordinante.

(51) *Mientras se desarrollaba la reunión me miraba con insistencia.*

También, es el tipo de aspecto que aparece con los predicados estativos como el que se muestra a continuación.[84]

(52) *En los sesenta, don Juan tenía bigote.*

Pero como el imperfecto no expresa límite, entonces, el estado podría haber cambiado o no, o sea, don Juan todavía podría tener bigote actualmente o no. Por otro lado, no es compatible con los adverbios que expresan su límite externo,[85] por ejemplo, en vez de *tenía bigote hasta que murió* se prefiere *tuvo bigote hasta que murió*.

Además de estos valores compartidos por el presente y por el pretérito imperfecto, el presente indicativo también puede expresar valor atemporal, llamado presente gnómico, por ejemplo, *Dos por dos son cuatro*; puede expresar los hechos pasados como actuales, llamado presente histórico, por ejemplo, *El otro día, llego y la veo sentada*; y también, puede presentar acciones futuras como más cercanas al hablante, llamado presente por futuro, por ejemplo, *El próximo martes voy a casa.*[86]

Por su parte, el pretérito imperfecto indicativo también puede expresar valor atenuante o de cortesía, por ejemplo, *Quería pedirte un favor, podías llevarme a casa*; o valor lúdico o de fantasía, por ejemplo, *Yo era un vaquero y tú, un indio.*[87]

Luego, en cuanto a las formas verbales no personales, el gerundio es el único de los tres que tiene valor imperfectivo, mientras el infinitivo denota neutralidad, y el participio, perfectividad. Las perífrasis de gerundio muestran una acción en curso.

---

[84] García Fernández, *El aspecto gramatical*, 20.
[85] NGLE, 23.12j.
[86] Università Ca'Foscari Venezia, "El aspecto verbal", http://venus.unive.it/matdid.php?utente=fbarrio&base=Corso+2009-2010%2FLingua+Spagnola+1%2FE0045+Verbo+(2).pdf&cmd=file (8 de marzo de 2015).
[87] Ibíd.

(53) *Está escribiendo una novela.*
(54) *Nos viene ocultando sus intenciones.*
(55) *Anda preguntando por ti.*[88]
(56) *Estoy estudiando ciencias mientras trabajo de carpintero.*[89]

Luego, en cuanto a las formas verbales en modo subjuntivo, generalmente, expresan deseo, duda, temor, indican tiempo de lo desconocido o del futuro. Las oraciones en presente del modo subjuntivo expresan un deseo, una posibilidad, una petición u otra enunciación hipotética en un tiempo actual.

(57) *Juana estudia todas las mañanas.* (Modo indicativo)
(58) *Quizás Juana estudie todas las mañanas.* (Modo subjuntivo)

La primera oración expresa una acción concreta, real, porque Juana, de hecho, ya se encuentra estudiando por las mañanas. En cambio, en la oración del modo subjuntivo, Juana aún no ha estudiado. El hablante solo presenta una posibilidad de que Juana estudie. Es decir, no se trata aún de un hecho concreto y real como en el caso de la conjugación en indicativo.

Las oraciones en pretérito imperfecto del modo subjuntivo, también expresan una acción hipotética, no real y que debió realizarse en un tiempo anterior.

(59) *Hubiese sido ideal que Juan desayunase aquel día.* (Modo subjuntivo)
(60) *Juan desayunaba aquel día.* (Modo indicativo)

La oración (59) expresa un deseo en relación a una acción hipotética del pasado. Al contrario de lo que ocurre en la (60) en donde efectivamente Juan desayunó. En el enunciado del modo subjuntivo se expresa el deseo de que hubiese sido ideal que Juan hubiese desayunado aquel día.[90]

---

[88] NGBLE, 154-162.
[89] Centro Aragonés, "Aspecto".
[90] Orlando Cáceres Ramírez, "Modo Subjuntivo, el modo de lo irreal", http://reglasespanol.about. com/od/conj/a/modo-subjuntivo.htm (10 de marzo de 2015).

3. Funcionalidad del aspecto verbal en el idioma español

Los verbos en modo subjuntivo suelen subordinarse a otros de los cuales dependerán para completar su significado. Pascual Polo lo expresa de la siguiente manera.

> En el modo subjuntivo el verbo expresa una acción o un hecho con sujeción o dependencia a la acción expresada por otro verbo, el cual comúnmente ha de estar en el modo indicativo, aunque también puede ser en el de subjuntivo.[91]

Respecto a su aspecto verbal, en el uso lingüístico pueden presentar aspecto perfectivo e imperfectivo indistintamente. Las siguientes oraciones lo ejemplifican.

(61) *El profesor quería que recite un poema.* (Aspecto imperfectivo)
(62) *Cuando cumplas treinta años puedes visitarme.* (Aspecto imperfectivo)
(63) *Queremos que Alberto venga para el cumpleaños de su hermano.* (Aspecto imperfectivo)
(64) *Es conveniente que esperemos el resultado.* (Aspecto imperfectivo)
(65) *Aunque hayas estudiado mucho, no has aprobado ninguna asignatura.* (Aspecto perfectivo)
(66) *Si hubieras aprobado, te hubiera comprado la moto.* (Aspecto perfectivo)[92]

Como los tiempos del subjuntivo suelen aparecer en la subordinación, lo que más destaca en sus formas verbales son los conceptos de anterioridad, simultaneidad y posterioridad en relación con el verbo principal.

(67) *Lamento que te hayan suspendido.* (Anterioridad)
(68) *Me gustaría que estuviera mi madre en estos momentos.* (Simultaneidad)
(69) *Me aconsejaron que me casara por lo civil.* (Posterioridad)[93]

---

[91] Pascual Polo, *Gramática elemental de la lengua española* (Burgos: Establecimiento tipográfico del autor, 1837), 29, citado en ibíd.
[92] Centro Aragonés, "Aspecto".
[93] Cáceres Ramírez, "Modo Subjuntivo, el modo de lo irreal".

3.3.3 Aspecto neutral

Como la Real Academia Española[94] y García Fernández[95] afirman, las formas futuro (*amaré*) y condicional simple (*amaría*, la cual expresa el futuro en el pasado) manifiestan aspecto neutro, lo que significa que podrán tener aspecto perfectivo o imperfectivo dependiendo del contexto[96] y en función del modo de acción. Así podrán denotar situaciones abiertas, por ejemplo, *Todos viviremos mejor,* o bien sucesos (venideros o hipotéticos) que se presentan como terminados o completados. El siguiente ejemplo lo demuestra.

(70) *El próximo número de nuestra revista saldrá el 17 de julio.*[97]

Entonces, que sea compatible con el aspecto imperfectivo y con el perfectivo es posible porque el aspecto neutro solo visualiza el inicio de la situación. Y, aunque el aspecto imperfectivo enfoca una parte interna del evento, el inicio del mismo está implicado. Luego, la relación entre el futuro y el condicional es que el futuro de un discurso directo, pasa a ser un condicional en un discurso indirecto. Los siguientes dos ejemplos lo demuestran.

(71) *Matilde dijo: vendré mañana al mediodía.* (Discurso directo)
(72) *Matilde dijo que vendría mañana al mediodía.* (Discurso indirecto)

Un rasgo característico del condicional simple es la posibilidad de expresar situaciones abiertas en el pasado, lo cual permite que puedan cerrarse en el momento del habla, pero también antes o después de este.[98] A continuación se brinda un ejemplo.

(73) *Aseguró hace semanas que me llegaría la documentación hace dos días.*

---

[94] NGLE, 23.2k.
[95] García Fernández, *El aspecto gramatical*, 20.
[96] Ibíd., 58.
[97] NGLE, 23.2q.
[98] Ibíd., 24.2g.

(74) *Aseguró hace semanas que me llegaría la documentación hoy.*

(75) *Aseguró hace semanas que me llegaría la documentación dentro de dos días.*

Luego, el tiempo futuro del modo subjuntivo se encuentra casi en desuso. La razón es que en la mayoría de los casos es fácil utilizar otro tiempo del mismo modo. Sin embargo, tiene un uso más o menos frecuente en el ámbito de la redacción jurídica o legal.[99]

(76) *Los que condujeren en estado de ebriedad serán castigados con ocho años de prisión.*

(77) *Aquél que produjere un atentado contra el estado será procesado como criminal.*

Por último, existe una de las tres formas no personales del verbo que denota aspecto neutral, y es el infinitivo en su forma verbal. En lo que respecta al tiempo, dado que el infinitivo no lo expresa por sí mismo, se interpreta en función de las palabras a las que se subordina.[100]

3.3.4 Aspecto perfecto

Un tercer aspecto es el que presenta los verbos en tiempo pretérito perfecto compuesto, por ejemplo, *he cantado*, el cual, según la Real Academia Española, "alude a cierto estado de cosas que resulta de un proceso previo".[101] Como se expresó anteriormente, aspecto es la relación no deíctica entre dos intervalos de tiempo. Entonces, el aspecto perfecto es aquella variedad aspectual en que se focaliza una parte del periodo que sigue al final de la situación, especialmente en los resultados del evento. Esto conlleva que la situación real preceda al periodo focalizado. Pero para que ello ocurra, primero es necesario que la situación real haya acabado, y además, que haya algo después de la situación real que pueda ser focalizado.[102]

---

[99] Ibíd., 24.1a.
[100] NGBLE, 154-55.
[101] Ibíd., 23.2r.
[102] García Fernández, *El aspecto gramatical*, 49.

Como se ha expresado en el apartado de aspecto imperfectivo, el aspecto perfecto es incompatible con predicados estativos permanentes. Los siguientes ejemplos agramaticales lo ilustran.

(78) *La mamá de Esteban ha venido de buena familia.*
(79) *La princesa Diana ha sido de Inglaterra.*
(80) *Ese perro ha sido de un pedigrí muy costoso en este país.*

Otra característica del aspecto perfecto es que solo acepta predicados télicos, los cuales presuponen un final natural de la actividad.[103] Las siguientes oraciones sirven como ejemplo.

(81) *Hoy me he bañado en casa de mi tía.*
(82) *El encargado de la fábrica ha encendido las luces desde temprano.*
(83) *El dinero ha desaparecido de mi cartera.*
(84) *La señora ya se ha marchado.*

La Real Academia Española afirma que el aspecto verbal del pretérito perfecto compuesto, "depende de varios factores gramaticales y está sujeto, además, a variación dialectal".[104] Por ejemplo, la expresión *La señora ya se ha marchado,* usada en algunas áreas geográficas[105] bien podría, en otras áreas, expresarse usando el pretérito perfecto simple o indefinido, *La señora ya se marchó.* Por eso, algunos autores creen que debe considerarse como una variedad del aspecto perfectivo o aoristo. A continuación se presentan otros ejemplos.

(85) *Hoy me bañé en casa de mi tía.*
(86) *El encargado de la fábrica encendió las luces desde temprano.*
(87) *El dinero desapareció de mi cartera.*

Como se expresó anteriormente, las formas verbales compuestas denotan anterioridad. En el caso del pretérito perfecto compuesto,

---

[103] Ibíd., 49-50.
[104] NGLE, 23.2k.
[105] Por ejemplo, en la zona central y meridional del español europeo, en la costa peruana, en el andino boliviano y colombiano, en el noroeste y región central de la Argentina, y con mayores restricciones en Cuba y en el área antillana. Ibíd., 23.7b.

denota anterioridad a un punto de referencia situado en el presente, y expresa la persistencia actual de hechos que ya han pasado.[106]

El aspecto perfecto puede manifestar diferentes valores, donde los más importantes son dos, el resultativo y el experiencial. El primero se refiere al resultado de un único evento, y el segundo, al estado de cosas que supone estar en posesión de un cierto tipo de experiencia, en el sentido más amplio del término. A continuación se presentan algunos ejemplos.

(88) *Marcela ya ha llegado a su casa.* (Resultativo, ya que ella ya llegó)
(89) *Marcela ya ha llegado a su casa a estas horas de la noche.* (Más de una vez, o sea, experiencial)
(90) *¿Has estado alguna vez en Hawai?* (Experiencial)
(91) *Ya he limpiado el auto.* (Resultativo)
(92) *Nosotros sí hemos comido mangos.* (Experiencial)

3.4 Conclusión

Como se pudo observar, existe una diferencia entre tiempo verbal/tiempo cronológico. El tiempo verbal es subjetivo y no refleja el tiempo cronológico. Es la parte morfológica del verbo por medio de la cual refleja los cambios, ya sea, de aspecto, de modo, voz, persona y número. En cambio, el tiempo cronológico se define por medio del contexto, por ejemplo, por los marcadores deícticos que se encuentran en la narración ("ayer", "ahora", "más tarde", etc.).[107] "Todas las lenguas provenientes del indoeuropeo cuentan con la expresión verbal de aspecto".[108] Como se presentó anteriormente, existen dos aspectos verbales reconocidos por todos los gramáticos del español, ellos son, el aspecto imperfectivo y el perfectivo o, también llamado aoristo. Y, luego, algunos reconocen dos aspectos más aunque otros los niegan o no creen necesaria su distinción aparte del imperfectivo y perfectivo, ellos son, el aspecto perfecto y el neutral.

---

[106] Ibíd.
[107] Rodney J. Decker, "Verbal Aspect in Recent Debate: Objections to Porter's Non-Temporal View of the Verb", 30 de marzo de 2001, http://ntresources.com/blog/documents/PorterObj.pdf (26 de enero de 2015).
[108] Tobón de Castro y Rodríguez Rondón, "Algunas consideraciones", 45.

Respecto al aspecto imperfectivo, se manifiesta en tiempos presente y pretérito imperfecto. Este brinda una visión interna del evento, sin mostrar el comienzo ni el final del mismo. Tanto el presente como el pretérito imperfecto comparten la posibilidad de manifestar valores por medio del aspecto, y ellos son, el habitual, el progresivo y el continuo.

Luego, el aspecto perfectivo o aoristo, se manifiesta en el tiempo pretérito indefinido y en las formas compuestas por *haber*. Este aspecto brinda una visión completa del evento, desde el principio hasta el final y sugiere que la acción ya finalizó. Los valores que pueden manifestarse en el aspecto perfectivo son, el terminativo y el ingresivo.

También existen tiempos verbales que pueden denotar tanto aspecto imperfectivo como perfectivo, a los cuales se los denomina aspectualmente neutros.[109] Nelson Morales aclara que "son neutros en el sentido que pueden tener más de un aspecto dependiendo del contexto".[110] Esta característica se manifiesta en los tiempos futuro simple y condicional simple, los cuales brindan una visión de los hechos que podrá ser la del aspecto imperfectivo o la del perfectivo, dependiendo del contexto. Y, por último, algunos opinan que el pretérito perfecto compuesto, manifiesta un aspecto perfecto, el cual se enfoca en los resultados del evento o acción. Por medio de este aspecto se puede obtener dos valores diferentes, uno resultativo y otro, experimental.

En cuanto a la forma de acercase a una consideración más acertada del aspecto, Ignacio Bosque[111] propone no darle la carga aspectual exclusivamente al sintagma verbal, sino que, debe observarse el carácter composicional del aspecto, el cual se obtiene teniendo en cuenta además, la relevancia del contexto y las estructuras con adjetivos, sustantivos y, especialmente, adverbios. Fernández Pérez llama a esta combinación "aproximación sintagmática".[112]

---

[109] García Fernández, *El aspecto gramatical*, 13.
[110] Morales, entrevista personal, Guatemala, 10 de marzo de 2015.
[111] Ignacio Bosque, "Sobre el aspecto en los adjetivos y en los participios" (apuntes de Tiempo y aspecto en español, Universidad de La Rioja, 1990), 177-214.
[112] Fernández Pérez, "Sobre la distinción Aspecto vs. *Aktionsart*", 239-243.

CAPÍTULO 4

SIMILITUDES Y DIFERENCIAS DEL ASPECTO VERBAL ENTRE AMBOS IDIOMAS

4.1 Introducción

A partir de la información recabada en los capítulos anteriores, en el presente se integra los datos obtenidos acerca del aspecto verbal en el griego koiné y en el español, buscando reconocer similitudes y diferencias, y presentando las posibles implicaciones para una exégesis bíblica más acertada. Para ello, se analiza el aspecto verbal manifestado en cada uno de los tiempos que se encuentran en el Nuevo Testamento griego buscando sus equivalentes aspectuales en el español y viendo cómo esto influye en la traducción de dicho texto.

4.2 Comparación del aspecto verbal entre el griego koiné y el español

En la siguiente tabla se presenta una clasificación de los distintos aspectos verbales descritos en los capítulos anteriores y en qué tiempos se manifiestan en griego y en español.

Aspecto verbal	En griego se manifiesta en tiempo	En español se manifiesta en tiempo
Perfectivo	Aoristo	Pretérito perfecto simple, pretérito pluscuamperfecto y pretérito anterior
Imperfectivo	Presente, imperfecto, perfecto y pluscuamperfecto	Presente y pretérito imperfecto
Perfecto		Pretérito perfecto compuesto
Ambiguo	Futuro	Futuro y condicional

Tabla 4.1: Aspecto verbal manifestado en los tiempos en griego y en español

De la tabla anterior se puede deducir que al momento de traducir un verbo griego se deberá evaluar sus equivalentes aspectuales en español para mantener la misma visión escogida por el autor. Y, además, se deberá tener en cuenta si el verbo griego denotara o no tiempo cronológico, y si sí denotara, buscar un equivalente en español (ver tabla 2.2).

A continuación se evaluarán las posibles similitudes y diferencias en el aspecto verbal manifestado en los tiempos en griego koiné y en español. Como se puede observar en la tabla 4.1, el aspecto perfectivo se manifiesta, en griego, en tiempo aoristo y en español, en pretérito perfecto simple, pretérito pluscuamperfecto y pretérito anterior. Por lo tanto, se dice que son aspectualmente equivalentes. Luego, el aspecto imperfectivo es manifestado en griego, en tiempos presente, imperfecto, perfecto y pluscuamperfecto, y en español, sus equivalentes aspectuales son presente y pretérito imperfecto. En cuanto al futuro, en ambos idiomas, y el condicional en español, se los ve como aspectualmente vagos, o sea, que podrán ser imperfectivos o perfectivos dependiendo del contexto. A continuación, se presenta una descripción de cada uno de estos tiempos en sus diferentes modos y formas no modales.

4.2.1 Aspecto perfectivo

En griego, el tiempo aoristo y, en español, el pretérito perfecto simple, el pretérito pluscuamperfecto y el pretérito anterior manifiestan aspecto perfectivo. Esto significa que al escoger uno de estos tiempos, el autor quiere presentar un evento desde una vista externa, como un resumen o una síntesis de un hecho completo. Entonces, al momento de traducir un verbo griego en tiempo aoristo se deberá traducir de acuerdo a sus equivalentes aspectuales en español para mantener la misma visión escogida por el autor.

4.2.1.1 Aoristo indicativo

El aoristo indicativo aparece 5875 veces en el Nuevo Testamento griego comunicando aspecto perfectivo y teniendo un referente cronológico pasado. En español, el pretérito perfecto simple del modo indicativo, también manifiesta aspecto perfectivo y, generalmente localiza una situación en un punto de la línea temporal anterior al

4. Similitudes y diferencias del aspecto verbal entre ambos idiomas

momento del habla. Entonces, se deduce que el pretérito perfecto simple en español equivaldrá normalmente a un aoristo indicativo cuyo referente temporal sea pasado, como en los siguientes ejemplos.

Lc 1:39-41 Ἀναστᾶσα δὲ Μαριὰμ ἐν ταῖς ἡμέραις ταύταις ἐπορεύθη εἰς τὴν ὀρεινὴν μετὰ σπουδῆς εἰς πόλιν Ἰούδα, καὶ εἰσῆλθεν εἰς τὸν οἶκον Ζαχαρίου καὶ ἠσπάσατο τὴν Ἐλισάβετ. καὶ ἐγένετο ὡς ἤκουσεν τὸν ἀσπασμὸν τῆς Μαρίας ἡ Ἐλισάβετ, ἐσκίρτησεν τὸ βρέφος ἐν τῇ κοιλίᾳ αὐτῆς, καὶ ἐπλήσθη πνεύματος ἁγίου ἡ Ἐλισάβετ
"Y habiéndose levantado María en esos días viajó hacia la región montañosa con prontitud hacia la ciudad de Judea; y entró a la casa de Zacarías y saludó a Elisabet. Y sucedió que cuando escuchó Elisabet el saludo de María la criatura saltó en su vientre, y Elisabet fue llena del Espíritu Santo".

Ro 5:14 ἀλλὰ ἐβασίλευσεν ὁ θάνατος ἀπὸ Ἀδὰμ μέχρι Μωϋσέως καὶ ἐπὶ τοὺς μὴ ἁμαρτήσαντας ἐπὶ τῷ ὁμοιώματι τῆς παραβάσεως Ἀδὰμ ὅς ἐστιν τύπος τοῦ μέλλοντος
"Pero reinó la muerte desde Adán hasta Moisés también sobre los que no habían pecado con la semejante transgresión de Adán, el cual es modelo del que había de venir".

Como se puede observar, en Lc 1 el marcador temporal es la frase preposicional ἐν ταῖς ἡμέραις ταύταις "en esos días", y en Ro 5 es el modificador temporal ἀπὸ... μέχρι "desde... hasta". Por lo tanto, se deduce que las dos citas manifiestan referencia temporal pasada. Luego, en Jn 3:16 se presenta los verbos ἠγάπησεν, ἔδωκεν en aoristo indicativo.

Jn 3:16 οὕτως γὰρ ἠγάπησεν ὁ θεὸς τὸν κόσμον, ὥστε τὸν υἱὸν τὸν μονογενῆ ἔδωκεν, ἵνα πᾶς ὁ πιστεύων εἰς αὐτὸν μὴ ἀπόληται ἀλλ᾽ ἔχῃ ζωὴν αἰώνιον
"Porque de tal manera amó Dios al mundo que dio a su unigénito Hijo para que todo el que cree en Él no perezca sino tenga vida eterna".

En esta ocasión Juan está utilizando este tiempo aspectualmente perfectivo para mostrar un evento completo sin enfocarse en los detalles.[1] La explicación por la cual Juan usa estos verbos en tiempo aoristo podría ser porque el énfasis de este relato no recae en el amor (ἠγάπησεν) y entrega de parte de Dios (ἔδωκεν), sino que lo que realmente se quiere enfatizar es la misión de Jesús como Mesías y que Él debe ser levantado (v. 14 ὑψωθῆναι δεῖ). Luego, la razón de esa misión es porque (v. 16 γὰρ) "Dios amó" a la humanidad y, por lo tanto, "dio a su Hijo".

4.2.1.2 Aoristo imperativo

El aoristo imperativo aparece 761 veces en el Nuevo Testamento griego y manifiesta aspecto perfectivo pero carece de referencia cronológica. En español, los tiempos que denotan aspecto perfectivo no existen en modo imperativo, ya que solo tiene variación de tiempo presente (el cual manifiesta aspecto imperfectivo). Por lo tanto, en una traducción de verbos en aoristo imperativo se tendrá que rescatar el aspecto verbal griego con otros indicadores del discurso que aclaren o expliciten dicho aspecto verbal. Por ejemplo, en Lc 5:4 los imperativos aoristos forman parte de un complemento directo que depende del verbo principal εἶπεν, el cual es un aoristo indicativo y manifiesta referencia temporal pasada.

Lc 5:4 Ὡς δὲ ἐπαύσατο λαλῶν, εἶπεν πρὸς τὸν Σίμωνα· ἐπανάγαγε εἰς τὸ βάθος καὶ χαλάσατε τὰ δίκτυα ὑμῶν εἰς ἄγραν
"Y cuando terminó de hablar dijo a Simón: Boga hacia lo profundo y echad vuestras redes para pescar".

4.2.1.3 Aoristo subjuntivo

El aoristo subjuntivo en griego, aparece 1387 veces proyectando aspecto perfectivo. Generalmente, aparece en oraciones subordinadas, por lo tanto, su referente cronológico dependerá de un verbo principal. En caso de oraciones independientes usualmente está funcionando como prohibición más enfática que el imperativo negado. Por su parte, el subjuntivo en español expresar una gama de ideas y certidumbre respecto a la realidad. Por lo tanto, para una traducción adecuada se

---

[1] En el caso de ἠγάπησεν es un verbo estativo y su tiempo cronológico es anterior al momento de ser enunciado por Juan, pero no se puede inferir que haya finalizado. Es decir, Juan declara: "Dios amó al mundo", pero eso no significa que ya no lo ame.

4. Similitudes y diferencias del aspecto verbal entre ambos idiomas

deberá tener en cuenta el contexto. Por ejemplo, en Ro 8:4, una traducción adecuada del aoristo subjuntivo tendría que ser usando el pretérito imperfecto subjuntivo porque es parte de una oración subordinada que indica propósito o resultado. Esta oración está subordinada al verbo principal κατέκρινεν (Ro 8:3) que está en aoristo indicativo, entonces se preserva la idea de aspecto perfectivo.

> Ro 8:4 ἵνα τὸ δικαίωμα τοῦ νόμου <u>πληρωθῇ</u> ἐν ἡμῖν τοῖς μὴ κατὰ σάρκα περιπατοῦσιν ἀλλὰ κατὰ πνεῦμα
> "Para que la justicia de la ley <u>fuese cumplida</u> en nosotros, los que no andan según la carne sino según el Espíritu".

Como se dijo anteriormente, el aoristo subjuntivo también se usa en construcciones junto a negaciones futuras con οὐ μή lo cual indica una prohibición muy fuerte que, usualmente, se traduce "jamás + futuro". Estas negaciones enfáticas, generalmente se encuentran en citas directas de Jesús (en los Evangelios y Apocalipsis).

> Jn 10:28 κἀγὼ δίδωμι αὐτοῖς ζωὴν αἰώνιον καὶ οὐ μὴ <u>ἀπόλωνται</u> εἰς τὸν αἰῶνα καὶ οὐχ ἁρπάσει τις αὐτὰ ἐκ τῆς χειρός μου
> "Y yo les doy vida eterna y nunca jamás <u>morirán</u> y no las arrebatará de mi mano nadie".

Cabe destacar que la traducción en futuro no afectará porque este tiempo es aspectualmente ambiguo. Igualmente, lo perfectivo se percibe del contexto porque estas palabras de Jesús son parte de un complemento directo que depende del verbo ἀπεκρίθη que es aspectualmente perfectivo.

4.2.1.4 Aoristo optativo

El aoristo optativo aparece 45 veces en el Nuevo Testamento griego, de las cuales más de la mitad es la expresión μὴ γένοιτο, que está estereotipada, como "que no suceda tal cosa" o "¡De ninguna manera!".

> Ro 3:3-4a τί γάρ; εἰ ἠπίστησάν τινες, μὴ ἡ ἀπιστία αὐτῶν τὴν πίστιν τοῦ θεοῦ καταργήσει; <u>μὴ γένοιτο</u>· γινέσθω δὲ ὁ θεὸς ἀληθής, πᾶς δὲ ἄνθρωπος ψεύστης

"¿Qué pues? Si algunos no creyeron ¿Acaso, la incredulidad de ellos anulará la fidelidad de Dios? ¡Que no suceda tal cosa! Antes bien, sea Dios veraz y todo ser humano (sea) mentiroso".

En este pasaje, Pablo quiere comunicar a sus lectores que nunca deben considerar tal posibilidad. Su respuesta es enfática. Luego, en los demás casos, el aoristo optativo se encuentra generalmente, en oraciones de cortesía que esperan un cumplimiento positivo.

2 P 1:2 χάρις ὑμῖν καὶ εἰρήνη πληθυνθείη ἐν ἐπιγνώσει τοῦ θεοῦ καὶ Ἰησοῦ τοῦ κυρίου ἡμῶν
"Gracia a vosotros y paz os sea multiplicada en el conocimiento de Dios y de nuestro Señor Jesús".

4.2.1.5 Participio aoristo

Luego, el participio aoristo aparece 2285 veces y generalmente sugiere un tiempo anterior al del verbo principal. En cuanto a su aspecto verbal, denota aspecto perfectivo. Como se ha manifestado anteriormente, el participio puede cumplir funciones adjetivales o adverbiales. El mayor uso de participios griegos se encuentra en oraciones subordinadas de tipo adverbial. En español, los participios denotan aspecto perfectivo y la situación que designan se suelen interpretar como un estadio alcanzado con anterioridad al punto indicado por el verbo principal. Entonces, al momento de traducir un participio griego con función adjetival al español, existe una equivalencia de aspecto en ambos idiomas. A continuación se presenta un ejemplo de participios aoristos con función adjetival.

Lc 1:45 καὶ μακαρία ἡ πιστεύσασα ὅτι ἔσται τελείωσις τοῖς λελαλημένοις αὐτῇ παρὰ κυρίου
"Y bienaventurada es la que creyó, porque será cumplido lo que le ha sido dicho del Señor".

Como se puede observar en este pasaje, lo correcto es traducir al español en tiempo pretérito perfecto simple, ya que, al igual que el aoristo, es aspectualmente perfectivo presentando una vista externa enfocándose en la acción de creer al anuncio y no si sigue creyendo o

4. Similitudes y diferencias del aspecto verbal entre ambos idiomas

no. Es decir, primero la mujer creyó, y luego, fue contada por bienaventurada porque se cumpliría la promesa sobre ella.

Luego, en su función adverbial, el participio aoristo actúa normalmente en oraciones subordinadas de tipo adverbial. En cuanto a su traducción al español, puede ser como gerundio o, muchísimo mejor, usando los adverbios: "cuando", "mientras", "si"; o las conjunciones: "porque", "aunque", "para que", "ya que" (entre muchas otras) más la forma verbal del participio. El contexto y el significado de los verbos ayudarán a entender qué traducción es mejor. Henriques, Morales y Steffen opinan que existen ocho opciones posibles en que un participio adverbial puede modificar a otro verbo y de eso dependerá su traducción: (1) Temporal ("antes", "mientras", "después de", etc.); (2) Modo o manera; (3) Medios ("por medio de"); (4) Causa ("puesto que", "por causa de", "porque", etc.); (5) Condición ("si"); (6) Concesión ("aunque"); (7) Propósito ("para"); o (8) Resultado.[2]

Mt 3:16 βαπτισθεὶς δὲ ὁ Ἰησοῦς εὐθὺς ἀνέβη ἀπὸ τοῦ ὕδατος
"Y luego de ser bautizado, Jesús subió del agua inmediatamente".

Como se puede observar, el participio aoristo cumple una función adverbial reflejando una acción completa sin dar detalles del bautismo, sino como un hecho en sí. En este caso, Mateo simplemente está dando el trasfondo temporal de otros verbos principales ἀνέβη, ἠνεῴχθησαν, εἶδεν, los cuales se presentan en aoristo indicativo.

4.2.1.6 Aoristo infinitivo

El infinitivo es una forma no modal. En griego presenta variaciones de tiempo y voz. En español solo tiene variación de voz y se presenta de forma simple o compuesta. En aoristo aparece 1241 veces en el Nuevo Testamento griego y transmite la idea de una acción o estado completo, aunque su traducción dependerá de su uso. En su función verbal usualmente funciona como complemento o suplemento del verbo principal de una oración. Como sustantivo funciona generalmente en discursos indirectos o como parte de un sintagma

---

[2] Esta sección sobre la traducción de participios fue extraída literalmente de Anita Henriques, Nelson Morales y Daniel Steffen, *Introducción al griego bíblico* (Miami: Vida, 2015), 213.

preposicional. Por lo tanto, al momento de traducirlo al español, se deberá observar cuidadosamente su uso y buscar un equivalente aspectual que refleje una visión externa de un evento completo.

Ro 8:8 οἱ δὲ ἐν σαρκὶ ὄντες θεῷ <u>ἀρέσαι</u> οὐ δύνανται
"Porque los que viven en la carne no pueden <u>agradar</u> a Dios".

Aquí, el infinitivo es un complemento del verbo δύνανται en presente indicativo. Cabe destacar que, en contextos negativos o irreales como en el ejemplo anterior, es más probable encontrar el aoristo infinitivo que el presente infinitivo.[3]

4.2.2 Aspecto imperfectivo

En griego, el tiempo presente, imperfecto, perfecto y pluscuamperfecto, y en español, el presente y pretérito imperfecto, manifiestan aspecto imperfectivo brindando una visión interna del evento, sin mostrar su comienzo ni su final. Se presupone que la situación ha comenzado en algún momento anterior al tiempo en que se enuncia, y que podría haber finalizado o no al momento de enunciarla. Pero, la certeza de la culminación o no dependerá de otros factores o indicadores en el contexto. Lo que el autor quiere enfatizar con este aspecto es el desarrollo de la acción o estado. Entonces, al momento de traducir un verbo griego de aspecto imperfectivo, se deberá traducir de acuerdo a sus equivalentes aspectuales en español para mantener el mismo énfasis del autor original.

4.2.2.1 Presente

El presente es aspectualmente imperfectivo. Después del aoristo es el tiempo más usado en el Nuevo Testamento griego, es usado 11552 veces, especialmente en modo indicativo y como participio.

---

[3] Constantine R. Campbell, *Verbal Aspect and Non-Indicatives Verbs: Further Soundings in the Greek of the New Testament* (Nueva York: Peter Lang, 2008), 101.

4.2.2.1.1 Presente indicativo

Este tiempo en indicativo aparece 5526 veces en el Nuevo Testamento griego y se usa para brindar una visión interna de un evento en curso. Para traducirlo se deberá tener en cuenta sus equivalentes aspectuales, los cuales son el presente indicativo, pretérito imperfecto indicativo, futuro indicativo (porque es ambiguo en cuanto a aspecto). Además, en indicativo, usualmente, denota tiempo presente, pero en algunos casos podría referirse al pasado o al futuro. Por lo tanto, siempre el contexto será quien defina este valor. En una narrativa, el presente indicativo se usa para dar los detalles de un evento que puede estar ocurriendo o que ya ocurrió. Por ejemplo, en Mr 4:14-20, Marcos narra un evento pasado al momento de enunciarlo, pero utiliza el presente indicativo porque está describiendo las palabras de Jesús cuando les explicó el significado y los detalles de la parábola del sembrador a los discípulos. Nelson Morales opina al respecto:

En este ejemplo se presenta el "presente histórico", pero además entra en juego la geografía del discurso. Es decir, el autor está enfatizando lo que él considera más relevante en una narración. En el mundo del autor, el presente le da una viveza increíble a la narración, es como si estuviese ocurriendo ahora. De hecho comienza la historia con un aoristo (4:3) para pintar toda la escena. Sin embargo, al explicarla predomina el presente.[4]

Entonces, una traducción del pasaje podría ser la siguiente:

Mr 4:14-20 ὁ σπείρων τὸν λόγον σπείρει. οὗτοι δέ εἰσιν οἱ παρὰ τὴν ὁδόν· ὅπου σπείρεται ὁ λόγος καὶ ὅταν ἀκούσωσιν, εὐθὺς ἔρχεται ὁ σατανᾶς καὶ αἴρει τὸν λόγον τὸν ἐσπαρμένον εἰς αὐτούς. καὶ οὗτοί εἰσιν οἱ ἐπὶ τὰ πετρώδη σπειρόμενοι, οἳ ὅταν ἀκούσωσιν τὸν λόγον εὐθὺς μετὰ χαρᾶς λαμβάνουσιν αὐτόν, καὶ οὐκ ἔχουσιν ῥίζαν ἐν ἑαυτοῖς ἀλλὰ πρόσκαιροί εἰσιν, εἶτα γενομένης θλίψεως ἢ διωγμοῦ διὰ τὸν λόγον εὐθὺς σκανδαλίζονται. καὶ ἄλλοι εἰσὶν οἱ εἰς τὰς ἀκάνθας σπειρόμενοι· οὗτοί εἰσιν οἱ τὸν λόγον ἀκούσαντες, καὶ αἱ μέριμναι τοῦ αἰῶνος καὶ ἡ ἀπάτη τοῦ πλούτου καὶ αἱ περὶ τὰ λοιπὰ ἐπιθυμίαι

---

[4] Nelson Morales, entrevista personal, Guatemala, 25 de junio de 2015.

εἰσπορευόμεναι συμπνίγουσιν τὸν λόγον καὶ ἄκαρπος γίνεται. καὶ ἐκεῖνοί εἰσιν οἱ ἐπὶ τὴν γῆν τὴν καλὴν σπαρέντες, οἵτινες ἀκούουσιν τὸν λόγον καὶ παραδέχονται καὶ καρποφοροῦσιν ἓν τριάκοντα καὶ ἓν ἑξήκοντα καὶ ἓν ἑκατόν.
"El que siembra siembra la palabra. Y estos son los que están junto al camino, donde es sembrada la palabra, y cuando la oyen inmediatamente viene Satanás y arrebata la palabra sembrada en ellos. Y estos son los que son sembrados sobre los pedregales, los que cuando oyen la palabra inmediatamente con alegría la reciben, y no tienen raíz en sí mismos sino son temporales que después de habiendo llegado la aflicción o la persecución por causa de la palabra inmediatamente fallan. Y otros son los que son sembrados en las espinas, estos son los que han oído la palabra pero las preocupaciones del siglo y el engaño de la riqueza y entrando los deseos de las demás cosas, ahogan la palabra y resulta sin fruto. Y aquellos son los que fueron sembrados sobre la tierra buena, los cuales oyen la palabra y la acogen y dan frutos una treinta, una setenta y una cien".

Además, el presente indicativo puede expresar valor atemporal, llamado "presente gnómico", como lo demuestra el siguiente versículo:

Lc 3:9 πᾶν οὖν δένδρον μὴ ποιοῦν καρπὸν καλὸν ἐκκόπτεται καὶ εἰς πῦρ βάλλεται
"Todo árbol que no da fruto bueno se corta y se arroja al fuego".

También puede presentar acciones futuras como más cercanas al hablante, llamado "presente con valor futuro". Este es frecuente en las profecías, como en Lc 3:16 donde la presencia de un futuro (βαπτίσει) después de un presente (ἔρχεται), confirma el valor futuro del primero.

Lc 3:16 ἔρχεται δὲ ὁ ἰσχυρότερός μου... αὐτὸς ὑμᾶς βαπτίσει ἐν πνεύματι ἁγίῳ καὶ πυρί
"Pero viene uno que es más fuerte que yo... Él os bautizará en Espíritu Santo y fuego".

4.2.2.1.2 Presente imperativo

El presente imperativo aparece 860 veces en el Nuevo Testamento griego y codifica, en su tiempo, aspecto imperfectivo y en su modo, dirección. Su equivalente aspectual en español es el presente imperativo enfocándose en el desarrollo de la acción o estado.

Fil 4:4 Χαίρετε ἐν κυρίῳ πάντοτε· πάλιν ἐρῶ, χαίρετε
"Regocijaos en el Señor siempre. Otra vez digo: regocijaos".

En ambos idiomas no posee formas de primera persona y se suple esta falta con el uso del subjuntivo. Luego, para las formas de tercera persona que en español no existe, también se suple con el subjuntivo.

1 Co 11:28 δοκιμαζέτω δὲ ἄνθρωπος ἑαυτὸν καὶ οὕτως ἐκ τοῦ ἄρτου ἐσθιέτω καὶ ἐκ τοῦ ποτηρίου πινέτω
"Pero cada uno examine a sí mismo y así coma del pan y beba de la copa".

4.2.2.1.3 Presente subjuntivo

El presente subjuntivo aparece 460 veces en el Nuevo Testamento griego y revela una expresión regular de aspecto imperfectivo viendo la acción internamente y gramaticalizando proyección. Aunque los verbos en modo subjuntivo suelen subordinarse a otros, de los cuales dependerán para completar su significado, igualmente al momento de traducirlos es necesario mantener su aspecto imperfectivo, el cual permitirá ver la acción en su curso.

1 Jn 5:2 ἐν τούτῳ γινώσκομεν ὅτι ἀγαπῶμεν τὰ τέκνα τοῦ θεοῦ, ὅταν τὸν θεὸν ἀγαπῶμεν καὶ τὰς ἐντολὰς αὐτοῦ ποιῶμεν

La cita anterior presenta la partícula ὅταν "cuando, entonces, siempre que", la cual generalmente va seguida de un subjuntivo.[5] Literalmente se traduce: "En esto conocemos que amamos a los hijos

---

[5] H. Kleine, "ὅταν", *Diccionario exegético del Nuevo Testamento*, eds. Horst Balz y Gerhard Schneider, trad. Constantino Ruiz-Garrido (Salamanca: Sígueme, 1998), 2:616.

de Dios: cuando <u>amemos</u> a Dios y <u>hagamos</u> sus mandamientos". Pero, cabe destacar que en la traducción de un idioma a otro, es necesario tener en cuenta varios factores y elementos del contexto que podrían definir tanto el tiempo como el modo de lo traducido. Por ejemplo, en español existen varias combinaciones de tiempo y modo para expresar una gama de ideas y certidumbre respecto a la realidad.[6] Por eso, la cita anterior podría traducirse en modo indicativo: "En esto conocemos que <u>amamos</u> a los <u>hijos</u> de <u>Dios</u> <u>cuando</u> <u>a</u> Dios <u>amamos</u> y sus mandamientos <u>hacemos</u>".

4.2.2.1.4 Presente optativo

El presente optativo aparece 23 veces en el Nuevo Testamento griego (11 veces εἴη de εἰμί en Lucas y Hechos) denotando aspecto imperfectivo. El problema al querer traducirlo al español es que en este idioma no existe tal modo. Pero sí encuentra un equivalente en el presente subjuntivo o condicional indicativo. Entonces, una posible traducción del presente optativo podría ser como la que se muestra a continuación.

> Hch 8:20 Πέτρος δὲ εἶπεν πρὸς αὐτόν· τὸ ἀργύριόν σου σὺν σοὶ <u>εἴη</u> εἰς ἀπώλειαν ὅτι τὴν δωρεὰν τοῦ θεοῦ ἐνόμισας διὰ χρημάτων κτᾶσθαι
> "Y le dijo Pedro: Tu plata <u>sea</u> para destrucción (perezca) contigo porque pensaste que podías comprar el don de Dios con dinero".

Morales observa que en Lucas/Hechos "hay algo de amabilidad/respeto/cortesía detrás del uso del optativo. Entonces, aunque está condenando la acción, lo hace con respeto".[7] Daniel Wallace y Daniel Steffen también dicen que este modo "expresa más la humildad del hablante, no su incertidumbre o duda".[8]

---

[6] Henriques, Morales y Steffen, *Introducción al griego bíblico*, 213.
[7] Morales, entrevista personal, Guatemala, 25 de junio de 2015.
[8] Daniel Wallace y Daniel Steffen, *Gramática griega: Sintaxis del Nuevo Testamento* (Miami: Vida, 2011), 354.

4.2.2.1.5 Participio presente

Como se dijo anteriormente, el participio es una forma no modal y, aunque tiene características verbales, también actúa como adjetivo o adverbio. En el Nuevo Testamento griego, aparece en tiempo presente 3688 veces. Cuando funciona como adjetivo, se usa como adjetivo o como sustantivo (adjetivo sustantivado). Al traducirlo al español se traduce "que + participio", buscando un equivalente aspectual. Por ejemplo, en Mt 6:4, el participio presente se usa como adjetivo de ὁ πατήρ; luego, su equivalente aspectual es el tiempo presente en español, por lo tanto, se podría traducir de la siguiente forma.

Mt 6:4 καὶ ὁ πατήρ σου <u>ὁ βλέπων</u> ἐν τῷ κρυπτῷ ἀποδώσει σοι
"Y tu padre <u>que mira</u> en lo oculto te recompensará".

Como se puede observar, al traducir es importante buscar un tiempo verbal aspectualmente equivalente para mantener la misma visión que el autor original escogió al describir dicha acción. En el ejemplo anterior, se manifiesta una visión interna haciendo énfasis en la acción en curso.

Luego, en su función adverbial, el participio presente actúa generalmente como complemento adverbial de un verbo principal. En cuanto a su traducción, ya se dijo que puede traducirse como gerundio o, mucho mejor, usando un adverbio más la forma verbal del participio. El contexto y el significado de los verbos ayudarán a entender qué traducción es mejor (se han presentado ocho posibles opciones en que un participio adverbial puede modificar a otro verbo. Para ello véase inciso 1.5). Por ejemplo, en Ef 5:18-19 se presenta un participio presente, el cual se podría traducir de la siguiente manera.

Ef 5:18-19 πληροῦσθε ἐν πνεύματι, <u>λαλοῦντες</u> ἑαυτοῖς [ἐν] ψαλμοῖς καὶ ὕμνοις καὶ ᾠδαῖς πνευματικαῖς
"Sed llenos en/por el Espíritu, <u>con el resultado de expresar</u> entre vosotros salmos, himnos y cánticos espirituales".

Si se hubiese escogido traducir λαλοῦντες como gerundio "*expresando*", esto daría lugar a pensar que la llenura vendría por medio de expresar/cuando se expresen salmos, himnos y cánticos espirituales;[9] por otro lado, si se traduce usando un adverbio de resultado, esto encaja mejor con el contexto del pasaje. Es decir, ambas llenuras tienen consecuencias: llenarse de vino conduce al desenfreno y llenarse del Espíritu conduce a hablar salmos, himnos y canticos espirituales dando gracias en todo, etc.[10] Además, cuando un participio adverbial se ubica después del verbo al que modifica suele reflejar una acción o estado simultáneo o posterior a la de este. Por lo tanto, la traducción presentada anteriormente pareciera ser la más acertada.

4.2.2.1.6 Presente infinitivo

El presente infinitivo en el Nuevo Testamento se encuentra 995 veces. Como se dijo anteriormente, en una narrativa es más probable encontrar el presente que el aoristo infinitivo. Esta forma puede comportarse como verbo o sustantivo. En su función verbal usualmente funciona como complemento o suplemento del verbo principal. Al traducirlo, es importante respetar su valor aspectual para mantener la visión interna del evento en curso.

Jn 21:22 λέγει αὐτῷ ὁ Ἰησοῦς· ἐὰν αὐτὸν θέλω <u>μένειν</u> ἕως ἔρχομαι
"Jesús le dice: quiero que él <u>permanezca</u> hasta que yo venga".

4.2.2.2 Imperfecto

En el Nuevo Testamento griego, el tiempo imperfecto aparece 1682 veces exclusivamente en modo indicativo. Este tiempo manifiesta aspecto imperfectivo y su referente temporal es pasado. En una narrativa, el imperfecto focaliza situaciones abiertas y no predica el fin de estas. Es usado para dar información suplementaria, la cual presenta los datos desde el interior, ya que describe los detalles, ofrece razones y explicaciones, y aclara las motivaciones que no pueden ser vistas a

---

[9] Así opinan algunos autores, por ejemplo, Heinrich Schlier, *La carta a los efesios* (Salamanca: Sígueme, 1991), 322-25.

[10] Esta es la opinión mayoritaria entre los eruditos, por ejemplo, Harold W. Hoehner, *Ephesians: An Exegetical Commentary* (Grand Rapids: Baker Academic, 2002), 706-15; Guillermo Hendriksen, *Efesios* (Grand Rapids: Subcomisión de Literatura Cristiana, 1990), 262-63; entre otros.

4. Similitudes y diferencias del aspecto verbal entre ambos idiomas

través de la visión externa de un resumen.[11] La diferencia con el presente se encuentra en el valor espacial. El presente es menos remoto, o sea, el relator presenta la escena como cercano a la escena. Y, el imperfecto es remoto, o sea, el relator presenta la escena como lejano a la escena.

Para traducir el imperfecto al español, se encuentra un equivalente aspectual en el pretérito imperfecto, pero se debe tener en cuenta algunas diferencias. Por ejemplo, en griego el imperfecto no comunica nada acerca de la culminación del evento. Pero en español, el pretérito imperfecto suele transmitir la idea de finitud.[12]

> Lc 9:42-45 ἔτι δὲ προσερχομένου αὐτοῦ ἔρρηξεν αὐτὸν τὸ δαιμόνιον καὶ συνεσπάραξεν· ἐπετίμησεν δὲ ὁ Ἰησοῦς τῷ πνεύματι τῷ ἀκαθάρτῳ καὶ ἰάσατο τὸν παῖδα καὶ ἀπέδωκεν αὐτὸν τῷ πατρὶ αὐτοῦ. ἐξεπλήσσοντο δὲ πάντες ἐπὶ τῇ μεγαλειότητι τοῦ θεοῦ. Πάντων δὲ θαυμαζόντων ἐπὶ πᾶσιν οἷς ἐποίει εἶπεν πρὸς τοὺς μαθητὰς αὐτοῦ· θέσθε ὑμεῖς εἰς τὰ ὦτα ὑμῶν τοὺς λόγους τούτους· ὁ γὰρ υἱὸς τοῦ ἀνθρώπου μέλλει παραδίδοσθαι εἰς χεῖρας ἀνθρώπων. οἱ δὲ ἠγνόουν τὸ ῥῆμα τοῦτο καὶ ἦν παρακεκαλυμμένον ἀπ' αὐτῶν ἵνα μὴ αἴσθωνται αὐτό, καὶ ἐφοβοῦντο ἐρωτῆσαι αὐτὸν περὶ τοῦ ῥήματος τούτου
> "Y mientras él se hallaba aún acercándose el demonio lo derribó (al muchacho) y convulsionó, y Jesús reprendió al espíritu inmundo y sanó al muchacho, y lo devolvió a su padre. Y todos estaban admirados de la grandeza de Dios y maravillándose todos por todas las cosas que hacía, dijo a sus discípulos: poned vosotros en vuestros oídos estas palabras porque el Hijo del hombre va a ser entregado en manos de hombres. Pero ellos no entendían esta palabra y les había sido escondida para que no la comprendieran y temían preguntarle acerca de esta palabra".

Como se puede observar en el ejemplo anterior, el autor usa un genitivo absoluto para brindar el trasfondo del verbo principal ἔρρηξεν, συνεσπάραξεν, ἐπετίμησεν, ἰάσατο, ἀπέδωκεν. Luego, usa el tiempo imperfecto para brindar los detalles internos en algunos momentos específicos que siguen en la narración, es decir, el asombro de la gente

---

[11] Constantine R. Campbell, *Basics of Verbal Aspect in Biblical Greek* (Grand Rapids: Zondervan, 2008), 44, 62.
[12] Henriques, Morales y Steffen, *Introducción al griego bíblico*, 48.

ante semejante hecho. "Lo que describe Lucas es una confrontación, un desafío del demonio de hacer lo que se le antoje ante Jesús. Es una lucha de poder, por eso la reacción de las personas".[13] Así también usa imperfectos para describir la reacción de los discípulos frente a la declaración de Jesús de que Él iba a ser entregado.[14] Entonces, se concluye que al traducir un texto bíblico es de suma importancia buscar el equivalente aspectual en español para mantener la visión escogida por el autor y la viveza de la escena.

4.2.2.3 Perfecto

Al igual que el presente, imperfecto y pluscuamperfecto, el perfecto griego (que aparece 1571 veces, mayormente por la presencia del verbo οἶδα) denota aspecto imperfectivo, o sea, brinda una visión interna del evento poniendo su énfasis en el desarrollo y sin enfocarse en su comienzo o en su final. En cuanto al valor espacial de cercanía/lejanía del perfecto indicativo, el testigo está muy cerca del evento, más próximo que el presente. Esa mayor proximidad permite visualizar intensificación o prominencia de la acción o el estado. En cuanto a intensidad, por ejemplos, el lexema σιωπάω se traduce "callar", pero en perfecto, "mantener en completo silencio"; el lexema φοβέω se traduce "tener miedo", pero en perfecto, "aterrorizarse".[15] En cuanto el concepto de prominencia, se refiere al grado en que un elemento se destaca de los demás en su entorno. Morales opina que "esto se debe a que es un tiempo más marcado, es decir, tiene más prefijos y sufijos adosados a la raíz verbal, a diferencia del presente que casi no tiene".[16]

4.2.2.3.1 Perfecto indicativo

El perfecto indicativo aparece 835 veces en el Nuevo Testamento griego y, su aspecto imperfectivo lo hace ideal para presentar el contexto próximo de discursos directos o indirectos en una narrativa. En indicativo frecuentemente indica una referencia temporal presente,

---

[13] Morales, entrevista personal, Guatemala, 25 de junio de 2015.
[14] Campbell, *Basics of Verbal Aspect*, 44-45.
[15] Albert Rijksbaron, *The Syntax and Semantics of the Verb in Classical Greek: An Introduction* (Amsterdam: Gieben, 1984), 36.
[16] Morales, entrevista personal, Guatemala, 25 de junio de 2015.

aunque también puede indicar un tiempo pasado. Por lo tanto, al traducirlo al español, sus equivalentes aspectuales son, el presente, pretérito imperfecto y el pretérito perfecto compuesto. En ocasiones de referencia temporal presente se usará el presente o el pretérito perfecto compuesto; y en ocasiones de referencia pasada, se usará el pretérito imperfecto o el pretérito perfecto compuesto.[17]

> Mr 5:19 καὶ οὐκ ἀφῆκεν αὐτόν, ἀλλὰ λέγει αὐτῷ· ὕπαγε εἰς τὸν οἶκόν σου πρὸς τοὺς σοὺς καὶ ἀπάγγειλον αὐτοῖς ὅσα ὁ κύριός σοι πεποίηκεν καὶ ἠλέησέν σε
> "Y no le permitió sino dice a él: Vete a tu casa, a los tuyos, y cuéntales las cosas que el Señor ha hecho por ti y cuánta misericordia te tuvo".

En esta narración el autor utiliza diferentes tiempos verbales para dar un matiz especial a algunos momentos específicos. Por ejemplo, el primero y el último se encuentran en aoristo, pero al comenzar a describir las palabras de Jesús, el autor cambia de aspecto utilizando el presente y luego, el perfecto. Este último lo utiliza para enfatizar lo que él debía comunicar: "lo que el Señor ha hecho". Por lo tanto, esto podría entenderse como que este es el punto central del pasaje.

4.2.2.3.2 Perfecto imperativo

El perfecto imperativo aparece 4 veces en el Nuevo Testamento griego (Mr 4:39; Hch 15:29; Ef 5:5; Stg 1:19).[18] En ambos idiomas expresa potencial y deseo, y especialmente, dirección, o sea, un fuerte deseo de que una acción o estado se dé. Al traducirlo al español, se puede utilizar el presente imperativo porque es aspectualmente equivalente. En cuanto a los usos, los autores lo presentan, en Hechos, para brindar un saludo final en una carta;[19] en Efesios y Santiago, para dar instrucciones generales, aunque en estos casos se utiliza el verbo οἶδα el cual no tiene forma presente pero se traduce como presente; y

---

[17] Henriques, Morales, Steffen, *Introducción al griego bíblico,* 190.
[18] Existen discusiones respecto a Ef 5:5 y Stg 1:19 porque, por su forma, también podría ser perfecto activo indicativo. Ibíd., 194, n. 3.
[19] Otra vez se puede observar el tema de amabilidad/cortesía en el lenguaje de Hechos. Morales, entrevista personal, Guatemala 25 de junio de 2015.

en Marcos, es parte de la geografía del discurso para enfatizar la autoridad de Jesús que manda y le obedecen.

> Mr 4:39 καὶ διεγερθεὶς ἐπετίμησεν τῷ ἀνέμῳ καὶ εἶπεν τῇ θαλάσσῃ· σιώπα, <u>πεφίμωσο</u>. καὶ ἐκόπασεν ὁ ἄνεμος καὶ ἐγένετο γαλήνη μεγάλη
> "Y levantándose, reprendió al viento y dijo al mar: Cálmate, <u>enmudece</u>. Y cesó el viento y hubo una gran calma".

Como se puede observar, el texto presenta tiempos verbales variados dando un matiz diferente a la narración. Así cuando llega al momento de presentar la orden de Jesús, el autor cambia de aspecto utilizando el presente imperativo y luego, el perfecto imperativo. Este último lo utiliza para enfatizar la orden: "enmudece". Por lo tanto, esto podría entenderse como que este es el punto central del pasaje. Luego, el autor vuelve a cambiar de aspecto y continúa utilizando el tiempo aoristo: "cesó el viento y hubo una gran calma".

4.2.2.3.3 Perfecto subjuntivo

El perfecto subjuntivo solo aparece 10 veces, siempre con el verbo οἶδα y solo en voz activa. Por tanto, al momento de traducirlo, las versiones en español lo traducen en presente subjuntivo manteniendo su aspecto verbal imperfectivo (Mt 9:6; Mr 2:10; Lc 5:24; 1 Co 2:12, 13:2, 14:11; Ef 6:21; 1 Ti 3:15; 1 Jn 2:29, 5:13). En 7 de estos versículos se usa en oraciones subordinadas adverbiales de propósito encabezadas por ἵνα y se traducen: "para que sepáis".

> 1 Jn 5:13 Ταῦτα ἔγραψα ὑμῖν ἵνα <u>εἰδῆτε</u> ὅτι ζωὴν ἔχετε αἰώνιον
> "Estas cosas les escribí para que <u>sepáis</u> que tenéis vida eterna".

4.2.2.3.4 Participio perfecto

El participio perfecto aparece 673 veces y, también denota aspecto imperfectivo. En cuanto a valor espacial, brinda una visión más cercana que el presente. Luego, en cuanto a referencia temporal, suele expresar una acción anterior a la del verbo principal.

4. Similitudes y diferencias del aspecto verbal entre ambos idiomas

Jn 8:31 ἔλεγεν οὖν ὁ Ἰησοῦς πρὸς τοὺς πεπιστευκότας αὐτῷ Ἰουδαίους· ἐὰν ὑμεῖς μείνητε ἐν τῷ λόγῳ τῷ ἐμῷ, ἀληθῶς μαθηταί μού ἐστε
"Así que, Jesús decía a los judíos <u>que habían creído</u> en Él: 'Si vosotros permanecéis en mi palabra, verdaderamente sois mis discípulos'".

El versículo presenta un participio perfecto, πεπιστευκότας que describe la acción ocurrida antes del verbo principal en tiempo imperfecto, ἔλεγεν. Por tanto, lo correcto será traducirlo al español en pretérito pluscuamperfecto, como se muestra en la traducción.[20] Esta conclusión se deduce de la tabla 2.5 que expresa que en una perífrasis verbal donde el tiempo del verbo principal es presente y el del participio es perfecto, el tiempo verbal de la perífrasis será perfecto. Y, en una perífrasis verbal donde el tiempo del verbo principal es imperfecto y el del participio perfecto, el tiempo de la perífrasis será pluscuamperfecto.

4.2.2.3.5 Perfecto infinitivo

El perfecto infinitivo aparece 49 veces en el Nuevo Testamento griego. Como se mencionó antes, puede cumplir funciones nominales o verbales. En su función verbal usualmente funciona como complemento o suplemento del verbo principal. Al traducirlo, es importante respetar su valor aspectual para mantener la visión interna del evento en curso y, además, la intensidad o énfasis que el autor quiere resaltar. Por ejemplo, en Mr 5:4 el autor utiliza el tiempo perfecto para describir la intensidad de la acción haciendo hincapié en la situación de violencia en la que vivía el endemoniado.[21]

Mr 5:4 διὰ τὸ αὐτὸν πολλάκις πέδαις καὶ ἁλύσεσιν <u>δεδέσθαι</u> καὶ <u>διεσπάσθαι</u> ὑπ' αὐτοῦ τὰς ἁλύσεις καὶ τὰς πέδας <u>συντετρῖφθαι</u>, καὶ οὐδεὶς ἴσχυεν αὐτὸν δαμάσαι
"Porque él muchas veces <u>había sido atado</u> con grilletes y cadenas y las cadenas <u>fueron destrozadas</u> por él y los grilletes <u>se hicieron añicos</u>, y nadie lo podía dominar".

---

[20] Henriques, Morales y Steffen, *Introducción al griego bíblico*, 232-33.
[21] Stanley E. Porter, *Verbal Aspect in the Greek of New Testament with Reference to Tense and Mood* (Nueva York: Peter Lang, 2003), 392.

4.2.2.4 Pluscuamperfecto

El tiempo pluscuamperfecto es usado 86 veces en el Nuevo Testamento griego siempre en modo indicativo. Su referente temporal, generalmente, es pasado y su aspecto es imperfectivo. Este tiempo encuentra su equivalente aspectual en español en el pretérito pluscuamperfecto. En una narración se usará para brindar el trasfondo que complementará la información suplementaria ya dada, como por ejemplo, dar el contexto o explicar los detalles de algún asunto. En cuanto al valor espacial, el testigo está muy lejos del evento (véase tabla 2.7).

Lc 4:29 καὶ ἀναστάντες ἐξέβαλον αὐτὸν ἔξω τῆς πόλεως καὶ ἤγαγον αὐτὸν ἕως ὀφρύος τοῦ ὄρους ἐφ᾽ οὗ ἡ πόλις <u>ᾠκοδόμητο</u> αὐτῶν ὥστε κατακρημνίσαι αὐτόν
"Y habiéndose levantado lo echaron fuera de la ciudad y lo condujeron a la cima del monte sobre el cual había sido construida su ciudad con el fin de arrojarlo".

Como se puede observar, la traducción anterior mantiene el mismo aspecto verbal, ya que, el pluscuamperfecto griego y el pretérito imperfecto español denota equivalencia aspectual imperfectiva.

4.2.3 Aspecto ambiguo

El tiempo futuro en ambos idiomas denota un valor aspectual ambiguo, también llamado "vago o neutro". Este no es una categoría aspectual, sino que podrá asumir valor perfectivo o imperfectivo dependiendo del contexto. En el Nuevo Testamento griego aparece 1623 veces, casi exclusivamente en modo indicativo. Además, generalmente indica tiempo cronológico futuro y un matiz semántico de expectativa.

4.2.3.1 Futuro indicativo

El futuro indicativo aparece 1606 veces. Se usa en mandatos que implican prohibiciones referentes al Antiguo Testamento; en oraciones que describen eventos que ocurren regularmente en todas las épocas, llamados "gnómicos"; o en predicciones de eventos futuro (por ejemplo, Mt 1:8, 5:27; 10:29; Mr 1:8, 10:33, 16:7; Jn 16:13-14; Fil 1:25).²²

Mr 1:8 ἐγὼ ἐβάπτισα ὑμᾶς ὕδατι, αὐτὸς δὲ <u>βαπτίσει</u> ὑμᾶς ἐν πνεύματι ἁγίῳ
"Yo los bauticé con agua, pero Él los <u>bautizará</u> con Espíritu Santo".

Fil 1:25 καὶ τοῦτο πεποιθὼς οἶδα ὅτι <u>μενῶ</u> καὶ <u>παραμενῶ</u> πᾶσιν ὑμῖν εἰς τὴν ὑμῶν προκοπὴν καὶ χαρὰν τῆς πίστεως
"Y convencido de esto, sé que <u>permaneceré</u> y <u>continuaré</u> con todos vosotros para vuestro progreso y gozo en la fe".

4.2.3.2 Participio futuro

El participio futuro aparece 12 veces en el Nuevo Testamento griego y su valor aspectual es ambiguo. Puede cumplir funciones adjetivales o adverbiales. En su función adverbial, el participio futuro actúa normalmente en oraciones subordinadas de tipo adverbial.

1 P 3:13 Καὶ τίς ὁ <u>κακώσων</u> ὑμᾶς ἐὰν τοῦ ἀγαθοῦ ζηλωταὶ γένησθε;
"¿Y quién es <u>el que</u> os <u>hará daño</u> si vosotros seguís el bien?"

Mt 27:49 οἱ δὲ λοιποὶ ἔλεγον· ἄφες ἴδωμεν εἰ ἔρχεται Ἠλίας <u>σώσων</u> αὐτόν
"Pero los demás decían: Deja, veamos si viene Elías <u>a salvarlo</u>".

Hch 8:27 καὶ ἀναστὰς ἐπορεύθη. καὶ ἰδοὺ ἀνὴρ Αἰθίοψ εὐνοῦχος δυνάστης Κανδάκης βασιλίσσης Αἰθιόπων, ὃς ἦν ἐπὶ πάσης τῆς γάζης αὐτῆς, ὃς ἐληλύθει <u>προσκυνήσων</u> εἰς Ἰερουσαλήμ
"Y habiéndose levantado, se fue; y he aquí, un varón etíope eunuco, alto funcionario de Candace, reina de los etíopes, el cual estaba encargado de todos sus tesoros, el cual había venido a Jerusalén <u>para adorar</u>".

---

²² Ibíd., 416.

En cuanto al tiempo cronológico del participio futuro, generalmente, es subsecuente a la acción del verbo principal. Pero este último ejemplo rompe con esta generalidad porque la acción de "adorar" es previa al encuentro de Felipe.

4.2.3.3 Futuro infinitivo

El futuro infinitivo aparece 5 veces en el Nuevo Testamento griego, Hch 11:28, 23:30, 24:15, 27:10 (ἔσεσθαι precedido por μέλλειν salvo en 23:30) y Heb 3:18 (εἰσελεύσεσθαι).

Hch 11:28 ἀναστὰς δὲ εἷς ἐξ αὐτῶν ὀνόματι Ἅγαβος ἐσήμανεν διὰ τοῦ πνεύματος λιμὸν μεγάλην μέλλειν ἔσεσθαι
"Y habiéndose levantado uno de ellos llamado Agabo comunicó por el Espíritu: está a punto de ocurrir una gran hambruna".

Hch 23:30 μηνυθείσης δέ μοι ἐπιβουλῆς εἰς τὸν ἄνδρα ἔσεσθαι ἐξαυτῆς ἔπεμψα πρὸς σὲ
"Pero al ser avisado de haber (de que había) una conspiración contra el hombre, te lo envié de inmediato".

Heb 3:18 τίσιν δὲ ὤμοσεν μὴ εἰσελεύσεσθαι εἰς τὴν κατάπαυσιν αὐτοῦ εἰ μὴ τοῖς ἀπειθήσασιν;
"¿Y a quienes juró no entrar (que no entraría) en su reposo sino a los que desobedecieron?"

Como se puede observar en los 5 casos en griego funciona como complemento del verbo principal. Al traducirlo, el contexto definirá su valor aspectual. Por ejemplo, en Hch 11:28, el futuro infinitivo está precedido por un presente infinitivo lo cual se puede traducir "está a punto de ocurrir". El contexto es una declaración profética, o sea, un evento futuro para el profeta que estaba hablando, pero pasada para el autor de Hechos. Por lo tanto, una opción viable podría ser traducirlo al español como un condicional simple, ya que, al igual que el futuro, el condicional indica aspecto ambiguo y denota tiempo cronológico futuro, como se presenta a continuación: "Comunicó por el Espíritu que pronto ocurriría una gran hambruna en toda la tierra".

4.3 Implicaciones para la exégesis bíblica

Como se pudo observar, tanto en griego como en español, el tiempo verbal indica aspecto. Por lo tanto, al momento de traducir un verbo griego será necesario buscar sus equivalentes aspectuales en español, para así mantener la misma visión que el autor original quiso utilizar al retratar un evento o acción. Esto trae consigo implicaciones exegéticas porque cada aspecto denota diferentes matices descriptivos.

Existen dos aspectos verbales manifestados en los tiempos en griego koiné y en español. El aspecto perfectivo se manifiesta, en griego, en tiempo aoristo y en español, en pretérito perfecto simple, pretérito pluscuamperfecto y pretérito anterior. Por lo tanto, se dice que son aspectualmente equivalentes. Esto significa que al escoger uno de estos tiempos, el autor quiere presentar un evento desde una vista externa, como un resumen o una síntesis de un hecho completo.

Luego, el aspecto imperfectivo es manifestado en griego, en tiempos presente, imperfecto, perfecto y pluscuamperfecto, y en español, sus equivalentes aspectuales son presente y pretérito imperfecto. Este aspecto brinda una visión interna del evento, sin mostrar su comienzo ni su final. Se presupone que la situación ha comenzado en algún momento anterior al tiempo en que se enuncia, y que podría haber finalizado o no al momento de enunciarla. Pero, nunca se puede afirmar completamente que el evento haya finalizado. Lo que el autor quiere enfatizar con este aspecto es el desarrollo de la acción.

En cuanto al futuro, en ambos idiomas, y el condicional en español, se los califica como aspectualmente ambiguo, también llamado "vago o neutro". Este no es una categoría aspectual, sino que podrá asumir valor perfectivo o imperfectivo dependiendo del contexto.

Pero no solo es necesario observar los equivalentes aspectuales entre el griego y el español, sino que también existen otros factores que afectarán dicha traducción. Es decir, en la traducción de un idioma a otro, es necesario tener en cuenta varios factores y elementos del contexto que podrían definir tanto el tiempo como el modo de lo traducido. Por ejemplo, las oraciones subordinadas con conjunciones como ὅταν (véase inciso 2.1.3), generalmente van seguidas de un subjuntivo griego. Pero, "en español existen varias combinaciones de tiempo y modo para expresar una gama de ideas y certidumbre respecto a la realidad".²³ Por lo tanto, un subjuntivo griego bien podría traducirse al español en modo indicativo sin perder el grado de incertidumbre del texto original.

Luego, en cuanto al tiempo cronológico, será necesario buscar los marcadores temporales en el contexto. Por ejemplo, χθές "ayer", νῦν "ahora", ἐν ταῖς ἡμέραις ταύταις "en esos días", ἀπό... μέχρι "desde... hasta", etc. También es importante destacar que cada escritor tiene su estilo y características peculiares. Por ejemplo, el modo optativo generalmente transmite cierto grado de incertidumbre, pero en Lucas/Hechos es usado para expresar amabilidad/respeto/cortesía.

Por otro lado, en ambos idiomas existen formas verbales no modales. En español, son el infinitivo, el participio y el gerundio. Pero en griego solo existen dos: el infinitivo y el participio.²⁴ El participio griego cumple funciones adjetivales o adverbiales. En su función adjetival puede fungir como sustantivo o como adjetivo. Luego, en función adverbial puede traducirse como gerundio o usando adverbios más la forma verbal de participio como complementos de un verbo principal. Para definir la traducción es necesario observar el contexto y el significado de los verbos.

Por último, es importante observar el género literario y la estructura a la cual pertenece el texto que se está traduciendo. Es decir, el autor presenta los verbos en tiempos específicos para manifestar diferentes propósitos de acuerdo al género literario, oración condicional o subordinada en la cual se encuentren dichos verbos. Si se ignora las diferencias de género, por ejemplo, eso afectará la traducción porque se pierde de vista el propósito por el cual el autor está utilizando dicho aspecto verbal al presentar sus relatos. Por lo tanto, en el siguiente capítulo, se presentará la aplicación de los resultados obtenidos a dos pasajes del Nuevo Testamento, uno narrativo proveniente del evangelio de Juan, y otro epistolar, de la carta de Pablo a los Romanos.

---

[23] Henriques, Morales y Steffen, *Introducción al griego bíblico*, 213.
[24] Ibíd., 35.

CAPÍTULO 5

APLICACIÓN DE LOS RESULTADOS A DOS PASAJES DEL NUEVO TESTAMENTO

5.1 Introducción

Al comprender el funcionamiento del aspecto verbal griego y español, se puede valorar y explicar por qué se utilizan ciertos tiempos verbales dentro de contextos particulares. Por lo tanto, en este capítulo se aplican los resultados de integración obtenidos en el capítulo cuatro, a dos pasajes del Nuevo Testamento, uno narrativo proveniente del evangelio de Juan, y otro epistolar, de la carta de Pablo a los Romanos. Para ello, se presenta una traducción, género literario y contexto de Jn 7:25-31 y Ro 8:1-8; y luego, un acercamiento aspectual versículo por versículo de cada uno de los pasajes. Para finalizar, se brinda una conclusión del capítulo.

5.2 Acercamiento aspectual de Jn 7:25-31

A continuación se presentará un acercamiento aspectual de Jn 7:25-31 incluyendo todos los detalles necesarios para explicar el pasaje y su impacto en la exégesis bíblica.

5.2.1 Traducción de Jn 7:25-31

²⁵ Ἔλεγον οὖν τινες ἐκ τῶν Ἱεροσολυμιτῶν· οὐχ οὗτός ἐστιν ὃν ζητοῦσιν ἀποκτεῖναι;
"Entonces, algunos de los de Jerusalén decían: ¿no es este al que están buscando para matarlo?"

²⁶ καὶ ἴδε παρρησίᾳ λαλεῖ καὶ οὐδὲν αὐτῷ λέγουσιν. μήποτε ἀληθῶς ἔγνωσαν οἱ ἄρχοντες ὅτι οὗτός ἐστιν ὁ χριστός;
"Y miren, está hablando en público y no le dicen nada ¿No será que las autoridades realmente comenzaron a reconocer que este es el Cristo?".

²⁷ ἀλλὰ τοῦτον οἴδαμεν πόθεν ἐστίν· ὁ δὲ χριστὸς ὅταν ἔρχηται οὐδεὶς γινώσκει πόθεν ἐστίν
"Pero conocemos de dónde es este. Sin embargo, cuando venga el Cristo, nadie sabrá de dónde es".

²⁸ ἔκραξεν οὖν ἐν τῷ ἱερῷ διδάσκων ὁ Ἰησοῦς καὶ λέγων· κἀμὲ οἴδατε καὶ οἴδατε πόθεν εἰμί· καὶ ἀπ' ἐμαυτοῦ οὐκ ἐλήλυθα, ἀλλ' ἔστιν ἀληθινὸς ὁ πέμψας με, ὃν ὑμεῖς οὐκ οἴδατε
"Mientras enseñaba en el templo Jesús gritó: me conocéis y conocéis de dónde soy. Pero no he venido por mí mismo, sino que el que me envió es verdadero, a quien vosotros no conocéis".

²⁹ ἐγὼ οἶδα αὐτόν, ὅτι παρ' αὐτοῦ εἰμι κἀκεῖνός με ἀπέστειλεν
"Yo le conozco perfectamente porque procedo de Él y Él me envió".

³⁰ Ἐζήτουν οὖν αὐτὸν πιάσαι, καὶ οὐδεὶς ἐπέβαλεν ἐπ' αὐτὸν τὴν χεῖρα, ὅτι οὔπω ἐληλύθει ἡ ὥρα αὐτοῦ
"Entonces, estaban buscando la forma de arrestarlo, pero ninguno le echó mano porque todavía no había llegado su hora".

³¹ Ἐκ τοῦ ὄχλου δὲ πολλοὶ ἐπίστευσαν εἰς αὐτὸν καὶ ἔλεγον· ὁ χριστὸς ὅταν ἔλθῃ μὴ πλείονα σημεῖα ποιήσει ὧν οὗτος ἐποίησεν;
"Pero muchos de la multitud creyeron en Él y decían: cuando el Cristo venga, ¿acaso hará más señales que las que hizo este?"

5.2.2 Género literario y contexto de Jn 7:25-31

El pasaje en estudio es parte de uno de los discursos narrativos que conforman el evangelio de Juan. Este evangelio se divide en dos grandes libros: el de los signos (caps. 1 al 12) y el de la pasión (caps. 13 al 21).[1] Todo el desarrollo de los caps. 7, 8 y 9 giran alrededor de la Fiesta de los Tabernáculos (7:2, 14), seis meses antes de la Pascua donde sería crucificado Jesús. Esta fiesta duraba una semana y se celebraba en el mes de *Tishri* (entre septiembre y octubre) instituida en Lv 23:33-36, 39-43; Dt 16:13-15. Según el evangelio de Juan, a partir de esta celebración Jesús centró su ministerio alrededor de Jerusalén y

---

[1] Secundino Castro Sánchez, *Evangelio de Juan* (Henao: Desclée De Brouwer, 2008), 30.

5. Aplicación de los resultados a dos pasajes del Nuevo Testamento

ya no volvería a Galilea. También, a partir de ahora la violencia de las autoridades judías y el rechazo de "los de Jerusalén"[2] contra Jesús y sus seguidores se irá incrementando hasta culminar en la crucifixión y muerte de Jesús.[3] El cap. 7 se divide en varias escenas. En la primera escena (7:1-13) está Jesús y sus hermanos, quienes en su incredulidad lo incitan a que vaya a Jerusalén a la Fiesta de los Tabernáculos para que todos vean sus milagros. Pero Jesús se niega a ir porque todavía no había llegado su hora.[4] En la segunda escena (7:14-36) se presenta a Jesús a mitad de la fiesta enseñando en el templo. Allí es interrogado por los judíos acerca del origen de su enseñanza, a lo cual Él responde que su enseñanza no es suya sino de Aquél que lo envió (7:16). Y, en la tercera escena (7:37-53) se presenta a Jesús en el último y gran día de la fiesta aprovechando uno de los elementos del ritual para introducir un nuevo tema a su enseñanza, el agua viviente del Espíritu. A raíz de esto aumenta el rechazo de las autoridades judías hacia Jesús.[5] Luego, el pasaje en cuestión (7:25-31) se centra en el tema: Las pretensiones mesiánicas de Jesús y la pregunta, ¿es Jesús el Mesías esperado?

El género literario del evangelio de Juan es narrativo y, se puede observar que el autor utiliza los tiempos verbales para darle diferentes enfoques a las escenas que conforman el libro. En cuanto al modo verbal, el que predomina es el indicativo, con el cual el autor presenta un evento o acción como real. Aunque también, en ocasiones usa los demás modos, como se podrá observar a continuación.

5.2.3 Acercamiento aspectual versículo por versículo de Jn 7:25-31

Como se dijo anteriormente, el cap. 7 se puede dividir en escenas, donde se observa en cada una de ellas que el rechazo a Jesús va en aumento. Luego, el párrafo en estudio se puede dividir, a su vez, en 3 episodios principales (7:25-27, 28-29 y 30-31), los cuales comienzan cada uno con la conjunción coordinante consecutiva οὖν. En el primer episodio, aparecen los jerosolimitanos discutiendo acerca del

---

[2] Esta frase se explicará más adelante.
[3] Charles Kingsley Barret, *El evangelio según san Juan* (Madrid: Cristiandad, 2003), 467.
[4] En cuanto al término ὁ καιρός (7:6, 8), significa que el momento de manifestar su gloria todavía no había llegado. Su gloria se manifestaría en la cruz y en la ascensión al cielo. Ibíd., 287, 472.
[5] C. H. Dodd, *Interpretación del cuarto evangelio* (Madrid: Cristiandad, 1978), 346.

origen de Jesús (25-27). En el segundo, aparece Jesús enseñando en el templo, recriminando la incredulidad de los jerosolimitanos y, a su vez, declarando su identidad mesiánica (28-29). El tercer episodio se presenta en 2 actos que se desarrollan al mismo tiempo y están unidos por una conjunción coordinante adversativa δὲ. Entonces, por un lado, están los jerosolimitanos buscando la ocasión de arrestarlo (30). Y, por el otro, aparecen los muchos de la multitud que han creído en Jesús y lo declaran el Cristo (31). Lo anterior se podría bosquejar de la siguiente manera:

I. Los jerosolimitanos discuten acerca del origen de Jesús (vv. 25-27).
II. Jesús declara públicamente su identidad mesiánica (vv. 28-29).
III. Los oyentes reaccionan a la declaración de Jesús (vv. 30-31).
    A. Los jerosolimitanos buscan la ocasión de arrestarlo (v. 30).
    B. Muchos de los oyentes creen declarándolo el Cristo (v. 31).

5.2.3.1 Primer episodio (vv. 25-27)

La narrativa dice: Ἔλεγον οὖν τινες ἐκ τῶν Ἱεροσολυμιτῶν. El autor comienza a describir un evento específico ocurrido mientras Jesús enseñaba en el templo de Jerusalén durante la Fiesta de los Tabernáculos. El imperfecto indicativo Ἔλεγον denota aspecto imperfectivo con referencia temporal pasada dando una visión interna de los hechos y mostrando una acción en progreso. El texto se podría traducir: "Entonces, algunos de los jerosolimitanos decían:". La frase τῶν Ἱεροσολυμιτῶν solo aparece aquí y en Mr 1:5. Este grupo podría representar a los residentes de Jerusalén, los cuales estarían más familiarizados con los enfrentamientos entre Jesús y las autoridades judías, que el resto de la multitud de peregrinos que solo llegaba a la ciudad para la Fiesta.[6]

Luego, se expresa lo que estaban diciendo: οὐχ οὗτός ἐστιν ὃν ζητοῦσιν ἀποκτεῖναι; Como se puede observar, los verbos principales están en tiempo presente, lo cual es un uso común en discursos directos

---

[6] Andreas J. Köstenberger, *John* (Grand Rapids: Baker, 2004), 235.

5. Aplicación de los resultados a dos pasajes del Nuevo Testamento

de una narrativa. Luego, el aoristo cumple función de complemento del verbo principal ζητοῦσιν quedando supeditado a este. Por lo tanto, podría traducirse como una pregunta retórica: "¿no es este al que están buscando para matarlo?". Esta declaración viene a raíz del evento en 5:18, ocurrido en Jerusalén cuando Jesús sanó a un paralítico en un día de reposo. Desde ese día, las autoridades judías procuraban matarle.[7] Craig Keener opina que la razón por la cual las autoridades judías temían actuar podría ser el apoyo que tenía Jesús entre la gente de poder de Jerusalén.[8]

Entonces, cabe destacar que Juan presenta la persecución de Jesús como un secreto a voces, ya que, su arresto y su muerte no fueron hechos sorpresivos para los residentes de Jerusalén. Ellos sabían que las autoridades judías estaban tramando esto desde mucho antes de que ocurriera, pero nadie hablaba del tema abiertamente por miedo a las autoridades (7:13). Igualmente, ellas no pudieron lograr sus planes hasta que se cumpliera el tiempo de Dios. Y Jesús estaba consciente de esto, por eso, en varias ocasiones expresó "mi hora no ha llegado" o "mi tiempo no se ha cumplido" (Jn 2:4, 7:6, 8).[9]

Luego, en el versículo 26 continúa la narración de lo que estaban diciendo: καὶ ἴδε παρρησίᾳ λαλεῖ καὶ οὐδὲν αὐτῷ λέγουσιν. μήποτε ἀληθῶς ἔγνωσαν οἱ ἄρχοντες ὅτι οὗτός ἐστιν ὁ χριστός; "Y miren, está hablando en público y no le dicen nada ¿No será que las autoridades[10] realmente comenzaron a reconocer que este es el Cristo?". Como se puede ver, esta traducción mantiene el aspecto imperfectivo de los verbos brindando un sentido de progresión de los eventos. En el caso de ἔγνωσαν se encuentra en aoristo activo indicativo brindando una visión externa y completa. Este cambio de aspecto podría justificarse por la razón de que este lexema manifiesta un estado que al combinarse con un aspecto perfectivo, se traduce como una acción ingresiva:

---

[7] Para más información sobre "los judíos", véase Barret, *El evangelio según san Juan*, 258.

[8] Craig S. Keener, *The Gospel of John: A Commentary* (Peabody: Hendrickson, 2003), 718.

[9] En cuanto al término ὁ καιρός (Jn 7:6, 8) no se distingue del término ἡ ὥρα (Jn 2:4), y significa el momento de manifestar su gloria, el cual se llevaría a cabo en la cruz y en la ascensión al cielo. Barret, *El evangelio según san Juan*, 472.

[10] En cuanto al término οἱ ἄρχοντες Barret opina que Juan no era capaz de distinguir entre los diferentes partidos del judaísmo contemporáneo y las autoridades. Ibíd., 307. También, se puede observar que el v. 32 presenta a "los fariseos y a los principales sacerdotes" como los que tenían la autoridad para mandar a los alguaciles a arrestarlo.

"comenzaron a reconocer".[11] Otra opción podría ser que los de Jerusalén deducían que ya era un hecho que las autoridades se habían convencido de que Jesús era el Cristo. Aunque esta segunda opción es menos probable porque el verbo se encuentra en un contexto de duda con la partícula negativa μήποτε.

Y, continúa el versículo 27 diciendo: ἀλλὰ τοῦτον οἴδαμεν πόθεν ἐστίν· ὁ δὲ χριστὸς ὅταν ἔρχηται οὐδεὶς γινώσκει πόθεν ἐστίν. "Pero conocemos de dónde es este. Sin embargo, cuando venga el Cristo, nadie sabrá de dónde es". Como se puede observar, el autor mantiene el aspecto imperfectivo en su discurso dando énfasis al desarrollo interno del evento. En el caso del perfecto οἴδαμεν manifiesta aspecto imperfectivo con mayor proximidad del narrador en la escena, y se traduce al español en tiempo presente porque es un verbo que carece de forma presente, pero comunica la idea de este tiempo.[12] Luego, el presente γινώσκει se traduce al español como futuro por ser parte de una cláusula temporal indefinida que expresa una contingencia futura incierta (donde no se está poniendo en duda la venida de Cristo sino que la incertidumbre es en cuanto al tiempo exacto de su venida).[13] Igualmente, esto sin cambiar la visión interna del aspecto imperfectivo, ya que el tiempo futuro es aspectualmente ambiguo.

Un detalle en este versículo y los siguientes es que el autor utiliza el verbo οἶδα[14] y luego γινώσκω para hablar de "conocimiento". Ignacio de la Potterie[15] opina que Juan es muy intencional al usar uno u otro término. Pero Keener, quien realizó un estudio de su uso a lo largo del libro, concluye que Juan los superpone y los presenta indistintamente.[16] Esta última opinión pareciera la más acertada. Luego, en cuanto a su definición, ambos términos significan "reconocimiento" y "realización"; y además, ambos están directamente relacionados con testigos. Juan los utiliza en contextos polémicos donde existen falsas

---

[11] Ibíd., 146.

[12] Anita Henriques, Nelson Morales y Daniel Steffen, *Introducción al griego bíblico* (Miami: Vida, 2015), 194.

[13] Daniel Wallace y Daniel Steffen, *Gramática griega: Sintaxis del Nuevo Testamento* (Miami: Vida, 2011), 352.

[14] En cuanto a οἶδα, es un perfecto con sentido de presente porque aunque carece de forma de tiempo presente comunica su sentido. Henriques, Morales y Steffen, *Introducción al griego bíblico*, 194.

[15] Para un estudio completo de la opinión de este autor, véase Ignacio de la Potterie, *La verdad de Jesús: Estudios de cristología joanea* (Madrid: BAC, 1979), 284-98.

[16] Keener, *The Gospel of John*, 244.

afirmaciones de conocimiento por parte de los opositores de Jesús.[17] Por ejemplo, en 7:27 están relacionados con el falso conocimiento de los residentes de Jerusalén acerca de Jesús y de Dios. Cabe destacar que en la mente judía, solo los judíos, por ser los poseedores de la Ley, podían conocer a Dios. Pero para Juan, la base de la comunidad del nuevo pacto no es étnica, sino cristológica. Por lo tanto, solo los que conocen a Jesús conocen al Padre (8:55; 10:14-15; 14:9; 15:21; 17:3).[18] Entonces, se concluye que Juan dejó en claro que, por un lado, los jerosolimitanos pretendían conocer a Jesús y su lugar de procedencia, pero en realidad lo desconocían. Y, por otro lado, al decir ellos: "cuando el Cristo venga nadie conocerá de dónde es", también dejaban ver su desconocimiento de las profecías antiguotestamentarias, que declaran el lugar de procedencia del Mesías (por ejemplo, Miqueas 5:2).[19]

5.2.3.2 Segundo episodio (vv. 28-29)

En el v. 28 comienza el segundo episodio, donde Jesús irrumpe dando una respuesta defensiva ante la incredulidad de los residentes de Jerusalén: ἔκραξεν οὖν ἐν τῷ ἱερῷ διδάσκων ὁ Ἰησοῦς καὶ λέγων. Al cambiar de escena, el autor amplía el lente presentándola con una visión perfectiva, o sea, mostrando un hecho completo visto desde afuera. El participio presente διδάσκων se usa para brindar el contexto del verbo principal ἔκραξεν. Luego, λέγων se puede omitir en la traducción por pertenecer a una construcción pleonástica. Entonces, una posible traducción sería: "Mientras enseñaba en el templo Jesús gritó:". κἀμὲ οἴδατε καὶ οἴδατε πόθεν εἰμί· καὶ ἀπ' ἐμαυτοῦ οὐκ ἐλήλυθα, ἀλλ' ἔστιν ἀληθινὸς ὁ πέμψας με, ὃν ὑμεῖς οὐκ οἴδατε. Como se puede observar, ahora el narrador pone en boca, no de los jerosolimitanos, sino de Jesús cuatro veces el perfecto οἶδα haciendo un juego de palabras de contraste entre el conocimiento de ellos y el suyo: "me conocéis y conocéis de dónde soy. Pero no he venido por mí

---

[17] Ibíd., 247.
[18] Para un estudio completo de este tema, véase Ibíd., 234-47.
[19] En cuanto al origen terrenal de Jesús, era de dominio público que había residido en Nazaret (1:45; 18:5, 7; 19:19). Luego, en cuanto a la creencia popular de que el Mesías permanecería oculto antes de asumir sus funciones, algunos creen que era de origen rabínico en el primer siglo (Barret, *El evangelio según san Juan*, 487-88). Pero otros, opinan que esa creencia venía a raíz de la conexión con Moisés, el cual también estuvo oculto antes de que fuera revelado (Keener, *The Gospel of John*, 718).

mismo, sino que el que me envió es verdadero, a quien vosotros no conocéis".

También es importante reconocer que en la declaración καὶ ἀπ' ἐμαυτοῦ οὐκ ἐλήλυθα, el verbo se encuentra en tiempo perfecto manifestando aspecto imperfectivo donde el narrador se encuentra muy cercano al evento. Posiblemente, Juan está usando este tiempo verbal para manifestar la importancia de la declaración, la cual da base a las pretensiones mesiánicas de Jesús, quien está declarando, ahora públicamente, su identidad y su procedencia del Padre.[20] A propósito, Barret expresa lo siguiente:

> Lo que Jesús dice viene a ser: "Y, sin embargo, yo no he venido por propia iniciativa, ni en virtud de mi autoridad personal, ni para llevar a cabo mis propios planes". Detrás de Jesús está otro, el que lo ha enviado, que es el único que da sentido a su misión. De ahí se sigue que sus movimientos visibles no explican de manera adecuada su verdadera naturaleza y su autoridad.[21]

La expresión ὁ πέμψας με es una fórmula habitual del cuarto evangelio donde los términos πέμψας (7:28) y ἀπέστειλεν (7:29) se utilizan como sinónimos, y significa que el enviado actúa con la autoridad delegada del que lo envió. Por lo tanto, el envío de Jesús por el Padre significa que "en las palabras, en las obras y en la persona de Jesús, los hombres se verían confrontados no con un simple rabino judío, sino con Dios mismo (1:18, 14:9)".[22] Entonces, se puede deducir que este versículo es muy significativo por la declaración mesiánica de Jesús, quien conoce al Padre y procede de Él. Pero además, revela la trágica realidad de los residentes de Jerusalén: ὃν ὑμεῖς οὐκ οἴδατε "a quien vosotros no conocéis".

Luego, se puede deducir que Jesús tenía razones para afirmar que ἔστιν ἀληθινός, ya que también dice más adelante: ἐγὼ οἶδα αὐτόν (7:29). Jesús conoce al Padre sin intermediario, por su unión con Él. Además, solo Él sabe de dónde ha venido y a dónde va (8:14).[23] Jesús quiere dejar en claro que ellos pensaban que conocían la procedencia de

---

[20] Ibíd., 718.
[21] Barret, *El evangelio según san Juan*, 488.
[22] Ibíd., 868-69.
[23] Keener, *The Gospel of John*, 719.

5. Aplicación de los resultados a dos pasajes del Nuevo Testamento

Jesús, pero en realidad la desconocían. Así también pensaban que conocían al Padre Celestial, pero lo desconocían. Por el contrario, Jesús conoce al Padre porque es quien le envió, ὅτι παρ' αὐτοῦ εἰμι κἀκεῖνός με ἀπέστειλεν (7:29). En cuanto al aoristo ἀπέστειλεν se presenta como un evento completo y finalizado. Y como se dijo anteriormente, significa que el enviado actúa con la autoridad delegada del que lo envía. Esta es la conclusión del evento que Juan quiere remarcar, el contraste entre el desconocimiento de los de Jerusalén y el conocimiento de Jesús acerca del Padre del cual Él procede: "Yo le conozco perfectamente porque procedo de Él y Él me envió".

5.2.3.3 Tercer episodio (vv. 30-31)

Entonces, a raíz de esta profunda declaración, continúa la tercera escena presentando la reacción de los oyentes, los cuales estaban divididos en dos bandos. Por un lado, estaban unos, Ἐζήτουν οὖν αὐτὸν πιάσαι, καὶ οὐδεὶς ἐπέβαλεν ἐπ' αὐτὸν τὴν χεῖρα, ὅτι οὔπω ἐληλύθει ἡ ὥρα αὐτοῦ. "Entonces, lo estaban buscando para arrestar, pero ninguno le echó mano porque todavía no había llegado su hora". Y, por otro lado, estaban otros, Ἐκ τοῦ ὄχλου δὲ πολλοὶ ἐπίστευσαν εἰς αὐτὸν καὶ ἔλεγον· ὁ χριστὸς ὅταν ἔλθῃ μὴ πλείονα σημεῖα ποιήσει ὧν οὗτος ἐποίησεν; "Pero muchos de la multitud creyeron en Él y decían: Cuando venga el Cristo, ¿acaso hará más señales que las que este hizo?".

En este tercer episodio, Juan pone su mirada en otro plano del evento, pero mantiene el mismo aspecto imperfectivo. Por medio del imperfecto ἐζήτουν se enfoca en una acción que se está desarrollando: "lo estaban buscando para arrestar", quizás escuchando atentamente lo que Jesús decía o viendo lo que hacía para encontrar un motivo para acusarlo. Luego, se presenta un aoristo ἐπέβαλεν lo cual podría indicar que el testigo como que se retira de la escena para tener una vista completa del evento y observar que, al final, no pudieron prenderle. Dentro de esta misma escena, el autor brinda una explicación del por qué no pudieron prenderle. Para ello, utiliza el pluscuamperfecto indicativo ἐληλύθει el cual denota una acción anterior al aoristo ἐπέβαλεν. En resumen, lo anterior podría traducirse: "pero nadie le echó mano porque todavía no había llegado su hora".

En la segunda parte del versículo, el foco se vuelve a abrir para presentar una acción completa y finalizada por medio del aoristo ἐπίστευσαν, "pero muchos de la multitud creyeron en Él". Y luego, se vuelve a cerrar para presentar el discurso directo de lo que decían: ὁ χριστὸς ὅταν ἔλθῃ μὴ πλείονα σημεῖα ποιήσει ὧν οὗτος ἐποίησεν; En esta última declaración, se presenta un aoristo subjuntivo ἔλθῃ el cual es parte de una cláusula temporal indefinida donde la incertidumbre es en cuanto al tiempo exacto de la venida de Cristo, y se puede traducir en presente porque su función es definir el trasfondo del verbo principal ποιήσει que se encuentra en tiempo futuro y es parte de una pregunta retórica: "cuando el Cristo venga, ¿acaso hará más señales que las que este hizo?". En cuanto al aoristo ἐποίησεν se presenta como un evento visto completamente y finalizado porque se está haciendo referencia al milagro que Jesús hizo en el templo en el cap. 5.

Entonces, como conclusión de lo dicho, se puede observar que en su narración, Juan utilizó los tiempos verbales para brindar al lector diferentes características aspectuales de una escena particular. Por ejemplo, para mostrar una visión de una escena completa y finalizada, utilizó verbos aspectualmente perfectivos, o sea, aoristos. Y luego, para mostrar una visión de una escena en desarrollo utilizó verbos aspectualmente imperfectivos. Así, utilizó el imperfecto para darle movimiento a una escena que es cronológicamente anterior al momento en que se escribió el evangelio. Luego, el presente lo utilizó predominantemente, para presentar los discursos directos de los personajes involucrados en la escena. Y, el perfecto, para dar mayor énfasis a una información o momento especial del evento.[24]

5.3 Acercamiento aspectual de Ro 8:1-8

A continuación se presentará un acercamiento de Ro 8:1-8 incluyendo todos los detalles necesarios para explicar el pasaje y su impacto en la exégesis bíblica.

5.3.1 Traducción de Ro 8:1-8

¹ Οὐδὲν ἄρα νῦν κατάκριμα τοῖς ἐν Χριστῷ Ἰησοῦ
"Ahora pues, ninguna condenación hay para los que están en Cristo Jesús".

---

[24] Constantine R. Campbell, *Advances in the Study of Greek* (Grand Rapids: Zondervan, 2015), 126.

5. Aplicación de los resultados a dos pasajes del Nuevo Testamento

² ὁ γὰρ νόμος τοῦ πνεύματος τῆς ζωῆς ἐν Χριστῷ Ἰησοῦ ἠλευθέρωσέν σε ἀπὸ τοῦ νόμου τῆς ἁμαρτίας καὶ τοῦ θανάτου
"Porque la ley del Espíritu de vida en Cristo Jesús te liberó de la ley del pecado y de la muerte".

³ Τὸ γὰρ ἀδύνατον τοῦ νόμου ἐν ᾧ ἠσθένει διὰ τῆς σαρκός, ὁ θεὸς τὸν ἑαυτοῦ υἱὸν πέμψας ἐν ὁμοιώματι σαρκὸς ἁμαρτίας καὶ περὶ ἁμαρτίας κατέκρινεν τὴν ἁμαρτίαν ἐν τῇ σαρκί
"Porque lo (que era) imposible para la ley debido a que estaba debilitada por el efecto de la carne, Dios por medio de enviar a su propio Hijo en semejanza de carne de pecado y por causa del pecado, condenó al pecado en la carne (de su Hijo)".

⁴ ἵνα τὸ δικαίωμα τοῦ νόμου πληρωθῇ ἐν ἡμῖν τοῖς μὴ κατὰ σάρκα περιπατοῦσιν ἀλλὰ κατὰ πνεῦμα
"Para que la justicia de la ley fuese cumplida en nosotros, los que no andan según la carne sino según el Espíritu".

⁵ οἱ γὰρ κατὰ σάρκα ὄντες τὰ τῆς σαρκὸς φρονοῦσιν, οἱ δὲ κατὰ πνεῦμα τὰ τοῦ πνεύματος
"Porque los que viven según la carne tienen la mente controlada por las cosas de la carne, pero los que viven según el Espíritu tienen la mente controlada por las cosas del Espíritu".

⁶ τὸ γὰρ φρόνημα τῆς σαρκὸς θάνατος, τὸ δὲ φρόνημα τοῦ πνεύματος ζωὴ καὶ εἰρήνη
"Porque la manera de pensar de la carne (conlleva) muerte, más la manera de pensar del Espíritu (conlleva) vida y paz".

⁷ διότι τὸ φρόνημα τῆς σαρκὸς ἔχθρα εἰς θεόν, τῷ γὰρ νόμῳ τοῦ θεοῦ οὐχ ὑποτάσσεται, οὐδὲ γὰρ δύναται
"Porque la manera de pensar de la carne (conlleva a la) enemistad con Dios, porque no se somete a la ley de Dios porque no puede".

⁸ οἱ δὲ ἐν σαρκὶ ὄντες θεῷ ἀρέσαι οὐ δύνανται
"Porque los que viven en la carne no pueden agradar a Dios".

5.3.2 Género literario y contexto de Ro 8:1-8

En cuanto al género literario del libro de Romanos, se lo considera una carta demostrativa o epideíctica.[25] Su tema central es la justificación por la fe en Jesucristo (1:14-17), el cual irá desarrollando progresivamente a manera de tratado a lo largo de todo el cuerpo de la carta. Pablo escribe entre los años 54-59 d.C. a una iglesia numerosa (1:8; 16:19) compuesta por gente de varios países (por situarse en la capital del Imperio), pero que, además, él no había fundado. Por lo tanto, la exposición exhaustiva de su pensamiento en los caps. 1-11 resulta necesaria para explicar su fe. Estos capítulos conforman la parte doctrinal de la carta, y la segunda parte, 12-15, conforman la aplicación pastoral de esta doctrina.[26] Entonces, luego de presentar la necesidad de justificación por parte de los seres humanos (1:18-3:20) y el modo para obtenerla (3:21-4:25), Pablo expone acerca de los frutos de la justificación por la fe (5:1-8:39). El pasaje en estudio (8:1-8) es parte de esta sección, y su objetivo es presentar uno de los frutos de la justificación por la fe: la condición venturosa del hombre justificado que vive bajo la acción del Espíritu Santo.[27]

5.3.3 Acercamiento aspectual versículo por versículo de Ro 8:1-8

El texto 8:1 dice: Οὐδὲν ἄρα νῦν κατάκριμα τοῖς ἐν Χριστῷ Ἰησοῦ, donde νῦν es un adverbio temporal y en las cartas paulinas suele ser un indicador escatológico de la nueva era inaugurada por Jesús (3:26; 5:9, 11; 6:22; 7:6; 8:1, 18; 11:5, 30, 31; 13:11).[28] Luego, ἄρα es

---

[25] El epideíctico fue "un género literario de la antigua retórica u oratoria grecorromana que se usaba para provocar la adhesión del auditorio a un determinado valor como fundamento para un comportamiento práctico determinado" En el caso de Pablo, deseaba reforzar la fe y hacer que la comunidad persevere en la vida cristiana. Para un estudio más amplio de este tema, véase George A. Kennedy, *Retórica y Nuevo Testamento* (Madrid: Cristiandad, 2003), 140-45, 284-93.

[26] Para un estudio más amplio acerca del trasfondo de la carta, véase Douglas J. Moo, *The Epistle to the Romans* (Grand Rapids: Eerdmans, 1996), 1-35; John R. W. Stott, *The Message of Romans: God's good news for the world* (Leicester: Inter-Varsity, 1994), 19-36; Leon Morris, *The Epistle to the Romans* (Leicester: Inter-Varsity, 1988), 1-24; Ulrich Wilckens, *La carta a los romanos* (Salamanca: Sígueme, 1989), 1:27-71.

[27] Lorenzo Turrado, *Hechos de los Apóstoles y Epístolas Paulinas* (Madrid: BAC, 1965), 311.

[28] Pablo usa este término varias veces en Romanos para indicar que un periodo antiguo ha finalizado por el principio de uno nuevo. Por eso se lo llama un "ahora

5. Aplicación de los resultados a dos pasajes del Nuevo Testamento

una conjunción ilativa que se usa para dar la conclusión a lo expresado anteriormente en los caps. 5-7, especialmente 5:18-21. El término Οὐδὲν es una negación enfática que acompaña a κατάκριμα. Lo cual se puede traducir: "Ahora pues, ninguna condenación (hay)", donde "condenación" es la consecuencia del pecado que reinó desde Adán (5:16, 18) y lo opuesto a "justificación", o sea, la libertad de la culpa del pecado en relación a la ley por medio de la muerte de Cristo, la cual es el fundamento de la justificación (Ro 3:21-26).[29] Luego la palabra τοῖς es un dativo de respecto[30] seguido de un verbo tácito ἐστιν y se traduce, "para los que están". Y continúa, ἐν Χριστῷ Ἰησοῦ "en Cristo Jesús", este modificador preposicional es clave del pensamiento paulino y Ridderbos lo explica citando a Schweitzer.

> La iglesia está involucrada en la muerte y resurrección de Cristo, estando con y en Cristo. Sin embargo, esta unión no debe ser interpretada en sentido griego-dualista, sino judío-escatológico... Este "misticismo" (unión mística) no es algo sentimental, interno, espiritual, sino un "misticismo objetivo de hechos". Esta unión con Cristo, esta participación en su nueva "corporeidad", se realiza por medio del bautismo. Los elegidos forman una "personalidad corporativa" con Cristo ("todos en

---

escatológico". En su otras cartas se refiere a él como "el fin de los siglos se ha cumplido" (1 Co 10:11) o la "plenitud de los tiempos" (Gá 4:4). Para un estudio detallado, véase Joseph A. Fitzmyer, *Romans: A New Translation with introduction and commentary* (Nueva York: Doubleday, 1993), 343-44, 52-54. También, Herman Ridderbos lo explica citando a Albert Schweitzer: La doctrina de Pablo se sustenta totalmente en la predicación escatológica de Jesús, en la predicación de la cercanía del Reino de Dios. Pero mientras para Jesús este Reino era aún un asunto del futuro (cercano), Pablo se encuentra ante una situación totalmente nueva... El ἔσχατον (fin) se hace tiempo presente en la resurrección de Cristo. Pablo, empero, se encuentra ahora ante la cuestión de cómo relacionar esa irrupción con el hecho innegable de que todavía no han ocurrido algunas cosas que se esperan acontecerán cuando llegue el fin... Con el propósito de eliminar esta discrepancia entre el "ya" (de la resurrección de Cristo) y el "todavía no" (del cumplimiento final), Pablo habría recurrido al "esquema" escatológico que se encuentra en el Apocalipsis de Baruc y en IV Esdras, postulando que el reino mesiánico llegó antes de producirse la total revelación del reino de Dios. El mundo natural y el sobrenatural se encuentran el uno al otro en el reino mesiánico y se superponen. Herman Ridderbos, *El pensamiento del apóstol Pablo* (Grand Rapids: Desafío, 2000), 37-38.

[29] Para una definición de "justificación" en los escritos de Pablo, véase Georg Eichholz, *El evangelio de Pablo: Esbozo de la teología paulina* (Salamanca: Sígueme, 1977), 305-32; y, especialmente, Georg Ladd, *Teología del Nuevo Testamento* (Terrassa: CLIE, 2002), 585-608.

[30] Wallace y Steffen, *Gramática griega: Sintaxis del Nuevo Testamento*, 83.

uno"), cuya fuerza vital es el πνεῦμα (Espíritu)... Cristo representa a los que le pertenecen... La justificación del impío es una justificación "en Cristo", es decir, no solo sobre la base de su muerte expiatoria y su resurrección, sino también en virtud de la inclusión corporativa de los suyos en Él.[31]

Entonces, el versículo podría traducirse, "Ahora pues, ninguna condenación hay para los que están en Cristo Jesús".[32] Luego, en el v. 2 Pablo presenta las razones por las cuales "no hay condenación". ὁ γὰρ νόμος τοῦ πνεύματος τῆς ζωῆς ἐν Χριστῷ Ἰησοῦ ἠλευθέρωσέν σε ἀπὸ τοῦ νόμου τῆς ἁμαρτίας καὶ τοῦ θανάτου. El verbo ἠλευθέρωσέν está en aoristo indicativo, tiempo que denota aspecto perfectivo, o sea, un evento visto externamente como un todo. Entonces, se puede deducir que cuando Pablo se refiere a la obra de Dios respecto a la justificación, utiliza este tiempo para describirla enfocándose no en su desarrollo, sino en el hecho en sí. O sea, Pablo presenta la justificación como un evento completo, aunque haya aspectos pasados (la muerte y resurrección de Jesús), presentes y futuros (resurrección de los muertos, juicio final, etc.).

En cuanto a ὁ νόμος τοῦ πνεύματος τῆς ζωῆς y τοῦ νόμου τῆς ἁμαρτίας καὶ τοῦ θανάτου, Ulrich Wilckens opina:

> El término νόμος se refiere a la *Torá*, a la cual en 7:14 se la ha descrito como "espiritual" (ὁ νόμος πνευματικός ἐστιν) que debería obrar "para la vida" a favor de los hombres, pero sin embargo tiene que repercutir "para la muerte" frente al pecado (7:10). Esta tarea de la ley espiritual se ha puesto en vigor "ahora" "en Cristo Jesús", en la liberación de los pecadores de su propio efecto como "ley del pecado y de la muerte". Así, Cristo es el que liberó al hombre del "yugo" de la ley (Gá 5:1), no de la

---

[31] Ridderbos, *El pensamiento del apóstol Pablo*, 37-38, 48, 76-77, 226.
[32] Al final del versículo, los manuscritos que siguen al Textus Receptus introducen la expresión *"los que no andan conforme a la carne, sino conforme al Espíritu"*. La lectura más corta, que hace la declaración mucho más apropiada sin la calificación que es únicamente aplicable en el v. 4 está fuertemente respaldada por antiguos representantes de los tipos de textos Alejandrinos y Occidentales. Desde el punto de vista de las consideraciones internas, esta inserción hace violencia al texto pues desvirtúa el propósito doctrinal de la epístola al trasladar la cláusula desde su sitio original (donde es conclusiva) al v. 1 donde es condicional. Bruce M. Metzger, *Un comentario textual al Nuevo Testamento griego* (Stuttgart: Sociedades Bíblicas Unidas, 2006), 452.

5. Aplicación de los resultados a dos pasajes del Nuevo Testamento

ley, que sólo tenía fuerza para condenar a los pecadores, pero no para procurarle vida (Gá 3:21).[33]

En cuanto al pronombre σε, existen 3 variantes en los textos griegos antiguos: σε, με y ἡμᾶς.[34] Se apoya la primera variante por poseer testigos alejandrinos y occidentales.[35] En cuanto al referente de ese pronombre, se puede observar que en Ro 7:9, 10, 14, 17, 20, 24, 25 Pablo utilizó el pronombre personal ἐγώ "yo" (el hombre interior) identificándose con el hombre moral, encadenado por la ley y el pecado. Ahora, al llegar al cap. 8 le habla a ese hombre interior, anunciándole su liberación de tal dominio y su traspaso al dominio del Espíritu. Entonces, si "la ley del pecado" lleva al hombre a la muerte, la "ley del Espíritu" lo lleva a la vida, traduciéndose: "Porque la ley del Espíritu de vida en Cristo Jesús te liberó de la ley del pecado y de la muerte".[36]

Y continúa en los vv. 3 y 4 dando la razón por la cual "la ley del Espíritu" pudo liberar de "la ley del pecado". Τὸ γὰρ ἀδύνατον τοῦ νόμου ἐν ᾧ ἠσθένει διὰ τῆς σαρκός, Como se puede observar, el verbo ἠσθένει se encuentra en tiempo imperfecto. Este tiempo manifiesta aspecto imperfectivo y su referente temporal es pasado focalizando una situación abierta y, en este pasaje, dando la razón de la imposibilidad de la ley ("era débil" o "estaba debilitada").[37] La ley solo podía condenar al pecador, pero le era imposible librarlo del efecto del pecado sobre la carne.[38] Pero ahora, por el contrario, ὁ θεὸς τὸν ἑαυτοῦ

---

[33] Existe una correspondencia antitética entre ambas frases. Como la vida se contrapone a la muerte, así el espíritu al pecado (8:10). Los genitivos τῆς ζωῆς y τοῦ θανάτου designan en cada caso el efecto de la ley; los genitivos τοῦ πνεύματος y τῆς ἁμαρτίας, los poderes que determinan en cada caso al νόμος. Wilckens, *La carta a los romanos*, 2:153-54.

[34] *The Greek New Testament*, 4a. ed. (Stuttgart: Sociedades Bíblicas Unidas, 1993), 538.

[35] El texto original puede no haber incluido ningún pronombre como objeto del verbo (en cuyo caso el verbo funciona más o menos como un aoristo gnómico). Pero por la combinación de testigos alejandrinos y occidentales, el Comité apoya la variante σε. Metzger, *Un comentario textual al Nuevo Testamento griego*, 452.

[36] Ridderbos, *El pensamiento del apóstol Pablo*, 289.

[37] La incapacidad de la ley no era una falla de la ley de la que se pueda culpar a esa misma ley, sino algo inherente a la situación resultante de la caída del hombre. C. E. B. Cranfield, *La epístola a los romanos* (Grand Rapids: Eerdmans, 1993), 168.

[38] John M. G. Barclay, "Do We Undermine the Law?: A Study of Romans 14.1-15.6", en *Paul and the Mosaic Law,* ed. James D. G. Dunn (Grand Rapids: Eerdmans, 1994), 287-308.

υἱὸν πέμψας ἐν ὁμοιώματι σαρκὸς[39] ἁμαρτίας καὶ περὶ ἁμαρτίας κατέκρινεν τὴν ἁμαρτίαν ἐν τῇ σαρκί. Dios sí lo hizo posible enviando a su propio Hijo condenó al pecado para santificar completamente la naturaleza humana de los creyentes.[40] Otra vez se puede observar que al hablar de la obra de Dios, el verbo κατέκρινεν, se presenta en tiempo aoristo, el cual denota aspecto perfectivo, o sea, un evento visto externamente como un todo, aunque hayan eventos que ya sucedieron y otros, que están por suceder (como se explicó anteriormente en v. 2).

Luego, el participio adverbial πέμψας también está en aoristo, el cual manifiesta el medio[41] por el cual se llevó a cabo el verbo principal: "Dios condenó por medio de enviar a su propio Hijo". Y, luego presenta la condición en la que Él fue enviado: ἐν ὁμοιώματι σαρκὸς ἁμαρτίας καὶ περὶ ἁμαρτίας. En cuanto a la primera característica, se entiende como que Cristo asumió la naturaleza pecaminosa de los hombres, aunque a diferencia de ellos, Cristo nunca pecó; por eso se traduce: "en semejanza de carne de pecado". Es el propio Hijo de Dios (ἑαυτοῦ) que es enviado al ámbito del poder del pecado para que se hiciera semejante a los hombres en su naturaleza (encarnación), y así identificarse completamente con la condición de pecado de los seres humanos (Gá 4:4; Fil 2).[42] Y luego agrega la segunda característica, "y por causa del pecado", o sea, para eliminar la soberanía del pecado en el ámbito de la carne. El envío del Hijo se trata de un envío a la región del pecado para vencerlo en su propio terreno y, de esta manera, liberar al hombre de su poder.[43]

Así, Dios hizo lo que la ley no pudo debido a que estaba debilitada por el efecto de la carne. Y entonces, ya no hay condenación (v. 1) porque por medio de la encarnación y la muerte expiatoria de

---

[39] En cuanto al término σάρξ aparece 26 veces en Romanos (9 veces en el pasaje en estudio) y tiene significados diferentes dependiendo el contexto: 1. En referencia a la constitución material del ser humano, relaciones o vínculos naturales (por ejemplo, Ro 9:3, 8; 11:14); 2. Especialmente, en referencia a la naturaleza pecaminosa del ser humano que es un enunciado antropológico donde se designa al hombre como sometido al pecado; la relevancia teológica se deduce principalmente de la combinación con los términos ἁμαρτία, νόμος y θάνατος; y de la antítesis entre σάρξ y πνεῦμα (por ejemplo, Ro 7 y 8). A. Sand, "σάρξ", *Diccionario exegético del Nuevo Testamento*, eds. Horst Balz y Gerhard Schneider, trad. Constantino Ruiz-Garrido (Salamanca: Sígueme, 1998), 2:1364-65.

[40] Cranfield, *La epístola a los romanos*, 168.

[41] LBLA y RV60, traducen como modo o manera ("enviando"), pero pareciera más correcta la traducción como medio, o sea, por el medio por el cual "Dios condenó".

[42] Moo, *The Epistle to the Romans*, 478-79.

[43] Wilckens, *La carta a los romanos*, 2:156-57.

5. Aplicación de los resultados a dos pasajes del Nuevo Testamento

Cristo, el pecado en la carne fue condenado (v. 3) y los seres humanos liberados de su efecto (v. 2) descrito en 7:13-25. El Padre descargó el peso de su ira por todo el pecado de toda la humanidad sobre la naturaleza humana de su Hijo.[44] Entonces, se puede traducir: "Porque lo (que era) imposible para la ley debido a que estaba debilitada por el efecto de la carne, Dios por medio de enviar a su propio Hijo en semejanza de carne de pecado y por causa del pecado, condenó al pecado en la carne (de su Hijo)".[45]

Luego continúa en el v. 4, ἵνα τὸ δικαίωμα τοῦ νόμου πληρωθῇ ἐν ἡμῖν, "para que la justicia de la ley fuese cumplida sobre nosotros". Aquí, el aoristo pasivo subjuntivo es parte de una cláusula de propósito (ἵνα) que aclara el significado de la liberación (v. 2), o sea, el despojo del control del pecado y de la muerte sobre la carne.[46] Lo que hace Dios entonces es que a través de la obra salvífica de su Hijo logra aplicar la justicia de la ley "sobre nosotros". Y luego, aclara quiénes son los ἡμῖν. Ellos son τοῖς μὴ κατὰ σάρκα περιπατοῦσιν ἀλλὰ κατὰ πνεῦμα.[47] A partir de este versículo y los siguientes, Pablo desarrolla una antítesis (ἀλλὰ) entre los que son κατὰ σάρκα y los que son κατὰ πνεῦμα.[48] El Espíritu y la carne (naturaleza pecaminosa) representan dos poderes, y ambos tienen su propio propósito o intención (φρόνημα, v. 6).[49] En cuanto al participio adjetival en tiempo presente τοῖς περιπατοῦσιν, Pablo usa este término en el sentido judío como una norma de conducta y se puede traducir "los que andan, los que se conducen o se comportan".[50] Entonces, los κατὰ σάρκα se refiere a los que se conducen bajo el dominio de la naturaleza pecaminosa. Luego, aunque existen varias posturas en cuanto al significado de πνεῦμα, se prefiere la opción de que es la persona misma del Espíritu Santo que regenera y

---

[44] Cranfield, *La epístola a los romanos*, 168.
[45] Stanley E. Portes, *Linguistic Analysis of the Greek New Testament* (Grand Rapids: Baker, 2015), 379.
[46] Turrado, *Hechos de los Apóstoles y Epístolas Paulinas*, 313.
[47] Cabe destacar que el Espíritu no se contrapone a la ley, sino que opera su cumplimiento en la vida de los creyentes (τὸ δικαίωμα τοῦ νόμου πληρωθῇ). Ridderbos, *El pensamiento del apóstol Pablo*, 369.
[48] Para un estudio más amplio de este tema, véase Charles B. Cousar, "Continuity and Discontinuity: Reflections on Romans 5-8", en *Pauline Theology: Romans,* eds. David Hay y E. Elizabeth Johnson (Minneapolis: Fortress, 1995), 3:196-210.
[49] Ridderbos, *El pensamiento del apóstol Pablo*, 368.
[50] R. Bergmeier, "περιπατέω", *Diccionario exegético del Nuevo Testamento*, 2:894-95.

habita en el pueblo de Dios (8:9).⁵¹ Entonces, los κατὰ πνεῦμα, se refiere a los que se conducen bajo la autoridad del Espíritu.

En cuanto al tiempo verbal de los participios y verbos de los vv. 4-8 donde Pablo describe la forma de conducirse de los seres humanos, ya sea, según la carne o según el Espíritu, se encuentran en tiempo presente denotando aspecto imperfectivo, o sea, una visión interna del evento en curso. Pablo elige presentar las formas verbales con este aspecto porque quiere mostrar los detalles del contraste entre σάρκα y πνεῦμα. Aunque cabe notar que su descripción es más negativa porque está enfocada en las características de los κατὰ σάρκα. Entonces, dice el v. 5 οἱ γὰρ κατὰ σάρκα ὄντες τὰ τῆς σαρκὸς φρονοῦσιν, οἱ δὲ κατὰ πνεῦμα τὰ τοῦ πνεύματος. Ahora presenta otro participio, οἱ ὄντες y se puede traducir: "los que son" o "los que viven". Otra vez el contraste es entre los que viven conforme a la carne y los que viven conforme al Espíritu. Los primeros son aquellos cuya vida está dominada por la carne, o sea, los seres humanos no regenerados, los cuales no pueden dejar de hacer las obras de la carne (vv. 7-8) porque su mente está controlada por ella (φρονοῦσιν). Este verbo y φρόνημα (v. 6) se traducen como "modo de pensar, intención".⁵² Entonces, se puede deducir que la naturaleza es la que determina la mentalidad; la naturaleza humana torcida, dirige sus pensamientos hacia las cosas que satisfacen el egocentrismo impío; pero la naturaleza del Espíritu, dirige sus pensamientos hacia las cosas que agradan a Dios y las que edifican al creyente. Entonces, el versículo podría traducirse: "Porque los que viven según la carne tienen la mente controlada por las cosas de la carne, pero los que viven según el Espíritu tienen la mente controlada por las cosas del Espíritu".

Luego, el v. 6 dice: τὸ γὰρ φρόνημα τῆς σαρκὸς θάνατος, τὸ δὲ φρόνημα τοῦ πνεύματος ζωὴ καὶ εἰρήνη. "Porque la manera de pensar de la carne (es) muerte", la muerte aludida parece ser la espiritual, o sea, separación de Dios (5:12-21; 6:4-5),⁵³ "más la manera de pensar del Espíritu (es) vida y paz". διότι τὸ φρόνημα τῆς σαρκὸς ἔχθρα εἰς

---

⁵¹ Para un estudio acerca de las diferentes posturas, véase Ben Witherington, "The Christening of the Believer: The Story of Life in Christ and Life in the Spirit", en *Paul's Narrative Thought World: The Tapestry of Tragedy and Triumph* (Louisville: John Knox, 1994), 245-337; N. T. Wright, *Paul: Fresh Perspectives* (Londres: SPCK, 2005), 145-50.

⁵² Fitzmyer, *Romans*, 488.

⁵³ W. T. Purkiser, *Explorando la santidad cristiana* (Kansas: Casa Nazarena, 1988), 1:143.

5. Aplicación de los resultados a dos pasajes del Nuevo Testamento

θεόν, τῷ γὰρ νόμῳ τοῦ θεοῦ οὐχ ὑποτάσσεται, οὐδὲ γὰρ δύναται· οἱ δὲ ἐν σαρκὶ ὄντες θεῷ ἀρέσαι οὐ δύνανται (vv. 7-8). "Porque la manera de pensar de la carne (conlleva a la) enemistad con Dios, porque no se somete a la ley de Dios porque no puede. Porque los que viven en la carne no pueden agradar a Dios". Los primeros son enemigos de Dios porque no se someten a la ley de Dios y tampoco pueden agradarle porque están dominados por la carne (7:22-25). Por el contrario, los segundos, tienen vida y paz por la liberación del dominio del pecado y de la muerte (8:2). De modo que el dónde se fije la mente y el cómo se la ocupe, tiene un efecto decisivo tanto en la conducta presente como en el destino final.

Se concluye que en el pasaje de Ro 8:1-8, Pablo utilizó los diferentes tiempos verbales para comunicar énfasis a ciertos aspectos de su discurso. De manera que usó tiempos aspectualmente perfectivos para describir la acción divina y tiempos imperfectivos para describir la acción humana. Nelson Morales opina que la razón de esta elección se debe a que Pablo quiso mostrar la acción de Dios brevemente, para luego ahondar más en los detalles de la acción humana.[54]

5.4 Conclusión

Como se pudo observar en los dos pasajes anteriores, cuando un autor habla o escribe acerca de un evento, escoge los tiempos verbales a su elección, ya que por medio de ellos transmite una visión diferente de los hechos. De esta manera, el lector o el que escucha, podrá ir viendo o imaginando el evento desde diferentes enfoques, de acuerdo a cómo lo esté presentando el que habla o escribe. Este podrá escoger entre presentar el evento desde una visión interna como una acción en desarrollo o, presentarlo desde una vista externa como un hecho completo y sin brindar los detalles. También se observa que el que habla o escribe escoge un modo específico para presentar un verbo dependiendo de la función que este desempeña. Por ejemplo, el modo indicativo lo utiliza generalmente en los verbos principales del desarrollo. Pero si el verbo cumple función de complemento de un

---

[54] De hecho, en los siguientes versículos (9 en adelante) el apóstol centra su discusión en la ineficacia del actuar humano sin el Espíritu y los verbos están tácitos (en tiempo presente) o explícitos también en presente. Nelson Morales, entrevista personal, Guatemala, 10 de junio de 2015.

verbo principal lo presenta en modo subjuntivo o en formas no modales (infinitivo o participio).

En el cuarto evangelio, se observa que Juan utilizó los tiempos verbales para presentar su discurso narrativo desde diferentes ángulos o planos, o sea, para crear una "geografía narrativa". Por un lado, el tiempo aoristo indicativo, el cual es aspectualmente perfectivo, lo utilizó para mostrar un evento desde una visión lejana, externa, y completa de la escena. Esto ayuda al lector a visualizar el acto completo y tener un panorama general de lo ocurrido. Por otro lado, utiliza el tiempo presente indicativo, el cual es aspectualmente imperfectivo, para presentar la escena con una visión cercana como viéndola desarrollarse desde adentro. Esto permite mostrar detalles más precisos de los hechos. Luego, el tiempo perfecto indicativo que es también aspectualmente imperfectivo, lo utiliza para remarcar una característica muy específica o enfatizar ese momento especial de la escena. Y, el tiempo imperfecto indicativo, aspectualmente imperfectivo lo selecciona generalmente para dar progresión de una escena a otra. De la misma manera, el tiempo pluscuamperfecto indicativo que también es aspectualmente imperfectivo, lo utiliza para mostrar una acción anterior como trasfondo de un verbo principal. Y por último, en dos ocasiones presenta cláusulas temporales de un verbo principal, y para eso utiliza un presente subjuntivo y un aoristo subjuntivo.

Por otro lado, en la carta a los Romanos, también se observa que Pablo utilizó los tiempos verbales para presentar una visión diferente de los tópicos y controlar el énfasis a su discurso. De manera que usó tiempos aspectualmente perfectivos para describir la acción divina. Por ejemplo, el aoristo indicativo lo utilizó para mostrar un evento como un todo sin enfocarse en el desarrollo, sino en el hecho en sí. Luego, utilizó los tiempos imperfectivos para describir la acción humana. Por ejemplo, el presente indicativo y el imperfecto indicativo los eligió para mostrar eventos desde una visión interna mostrando los detalles de los hechos que se describen. En otras ocasiones, Pablo utiliza verbos en modo subjuntivo o formas no modales, como complemento o cláusula de un verbo principal. Por ejemplo, presenta un aoristo subjuntivo formando parte de una cláusula de propósito, un aoristo infinitivo como complemento de un verbo principal, y un participio aoristo dentro de una cláusula de medio.

5. Aplicación de los resultados a dos pasajes del Nuevo Testamento

Se concluye este capítulo diciendo que los tiempos verbales denotan aspecto del evento que se está describiendo, tal como lo desea presentar el que escribe o habla. Cada autor va a utilizarlos en su mensaje discriminadamente de acuerdo a sus propósitos teológicos personales y estilísticos. Por lo tanto, para una traducción más acertada de un pasaje, es muy importante observar detenidamente, entre otras cosas, las formas verbales (sus tiempos y modos) y los indicadores temporales que puedan presentarse en el contexto.

CAPÍTULO 6

CONCLUSIONES

6.1 Introducción

Este capítulo presenta las conclusiones a las que se ha llegado a partir del estudio realizado en los capítulos anteriores acerca del aspecto verbal. Para ello, se expresa las implicaciones exegético-teológicas que aporta la teoría del aspecto verbal al texto bíblico según su género literario. Para finalizar, se darán algunas recomendaciones para futuras investigaciones sobre el tema.

6.2 Implicaciones exegético-teológicas que aporta la teoría del aspecto verbal

Se concluye este trabajo de investigación diciendo que los tiempos verbales no enmarcan tiempo cronológico, sino más bien denotan el aspecto del evento que se está describiendo, tal como lo desea presentar el que escribe o habla. Constantine Campbell dice: "El aspecto verbal representa una elección subjetiva del autor que elige qué aspecto va a utilizar al retratar una determinada acción, evento o estado".[1]

Cada autor puede escoger entre utilizar el aspecto perfectivo o imperfectivo intencionalmente según sus propósitos teológicos y estilísticos, como se pudo observar en la tabla 2.6 acerca de la comparación del relato de la alimentación de los cinco mil en los cuatro evangelios.

Entonces, por medio de los tiempos verbales aspectualmente perfectivos, el que habla o escribe brinda una visión externa de los hechos mostrándolos como un todo sin enfocarse en el desarrollo, sino en el hecho en sí. Así también, por medio de los tiempos verbales aspectualmente imperfectivos, brinda una visión interna del evento, sin

---

[1] Constantine R. Campbell, *Basics of Verbal Aspect in Biblical Greek* (Grand Rapids: Zondervan, 2008), 20.

6. Conclusiones

enfocarse en su comienzo o en su final, sino describiendo la acción como en curso dando detalles del desarrollo. Lo que el autor quiere enfatizar con este aspecto es el desarrollo de la acción. Por lo tanto, al momento de traducir un verbo griego será necesario buscar sus equivalentes aspectuales en español, para así mantener la misma visión que el autor original quiso utilizar al retratar un evento o acción.

A propósito de los equivalentes aspectuales, como se manifestó en la tabla 4.1, el aspecto perfectivo se manifiesta, en griego solo en tiempo aoristo, y en español, en pretérito perfecto simple, pretérito pluscuamperfecto y pretérito anterior. Por lo tanto, se dice que son aspectualmente equivalentes. Luego, el aspecto imperfectivo es manifestado en griego, en tiempos presente, imperfecto, perfecto y pluscuamperfecto, y en español, sus equivalentes aspectuales son presente y pretérito imperfecto. En cuanto al futuro, en ambos idiomas, y además el condicional en español, se los califica como aspectualmente ambiguo, también llamado "vago o neutro". Esta no es una categoría aspectual, sino que significa que el sintagma verbal en futuro podrá manifestar valor perfectivo o imperfectivo dependiendo del contexto.

Pero no solo es necesario observar los equivalentes aspectuales entre el griego y el español, sino que en cualquier traducción de un idioma a otro, es siempre necesario tener en cuenta varios factores y elementos del contexto que podrían definir tanto el tiempo como el modo de lo traducido. Es decir, es necesario observar detenidamente el texto que se está analizando porque existen otras estructuras que influyen en la traducción. Por ejemplo, el uso del subjuntivo es una forma distintiva del idioma español. En este idioma existen varias combinaciones de tiempo y modo para transmitir el grado de incertidumbre respecto a la realidad. Pero en griego, el uso del subjuntivo es un poco más limitado.[2] Por lo tanto, un verbo griego en modo subjuntivo bien podría traducirse al español en modo indicativo sin perder el grado de incertidumbre del texto original tomando en cuenta otros indicadores del contexto.

Luego, como ya se indicó, los tiempos verbales no denotan tiempo cronológico en sí. Por lo tanto, es necesario buscar esta información en los marcadores temporales que el contexto presenta.

---

[2] Anita Henriques, Nelson Morales y Daniel Steffen, *Introducción al griego bíblico* (Miami: Vida, 2015), 140.

Algunos ejemplos podrían ser: χθές "ayer", νῦν "ahora", ἐν ταῖς ἡμέραις ταύταις "en esos días". También es importante destacar que cada escritor tiene su estilo y características peculiares para transmitir su mensaje a los receptores. Entonces, es fundamental estudiar las características escriturales del autor del texto que se está traduciendo.

También es importante poder reconocer el género literario del texto bíblico. Como se pudo observar en el cap. 5 de este trabajo de investigación, existe una diferencia de uso de los aspectos verbales entre géneros literarios. Es decir, cada autor escribe en un género literario diferente y en cada uno los aspectos verbales son utilizados para propósitos diferentes. Por ejemplo, en la epístola a los Romanos pareciera que los aspectos verbales son usados para controlar el énfasis del discurso mediante el cambio de tiempos verbales. En cambio, en la narrativa de Juan los diferentes aspectos verbales se usan para crear una "geografía narrativa" donde el tiempo verbal, además, describirá el aspecto espacial de lejanía o cercanía (véase tabla 2.7). A propósito Nelson Morales lo explica de la siguiente manera.

> En las narrativas de los autores bíblicos pareciera que el aspecto verbal es utilizado para variar los detalles en distintos planos narrativos. Algunos son pintados en el fondo de la escena usando el aspecto perfectivo (el aoristo es el tiempo verbal menos marcado donde el testigo está lejano a los hechos). Luego, los tiempos verbales imperfectivos parecen usarlos para resaltar los detalles que el autor cree importantes (así, el perfecto sería el tiempo más marcado donde el testigo está muy cercano a los hechos). De esta forma se crea una especie de "geografía narrativa".[3]

En cuanto al uso general de los tiempos verbales griegos, el aoristo y el presente son los de mayor porcentaje. En cuanto al uso general de los modos, se observa que el que predomina es el modo indicativo. Es común encontrar los tiempos citados anteriormente en modo indicativo en los discursos o en estructuras narrativas en general. Luego, los modos no-indicativos, normalmente, están relacionados con una cláusula que dependen de otros verbos principales en modo indicativo. Por ejemplo, se usan para dar el trasfondo o el complemento

---

[3] Nelson Morales, entrevista personal, Guatemala, 10 de marzo de 2015.

6. Conclusiones

directo de verbos principales en modo indicativo. Entonces, en una narrativa el autor combinará eventos secuenciales en estructuras principales y secundarias. Para ello, usará, por un lado, tiempos perfectivos en modo indicativo para presentar el esqueleto del evento. Por otro lado, tiempos imperfectivos en modo indicativo para dar los detalles de la información principal de la escena. Y luego, tiempos imperfectivos y perfectivos en los demás modos para dar información suplementaria, comentar o explicar la información principal.

Por otro lado, en ambos idiomas existen formas verbales no modales. En español, son el infinitivo, el participio y el gerundio. Pero en griego solo existen dos: el infinitivo y el participio.[4] El participio griego cumple funciones adjetivales o adverbiales. En su función adjetival puede fungir como sustantivo o como adjetivo. Luego, en función adverbial puede traducirse como gerundio o usando adverbios más la forma verbal de participio como complementos de un verbo principal. Para definir la traducción es necesario observar el contexto y el significado de los verbos.

En términos generales, se concluye que la teoría del aspecto verbal ayuda a expresar con mayor claridad un argumento exegético con respecto a una referencia temporal. Además, esta teoría agrega una perspectiva de la exégesis de los verbos griegos más matizada y sutil, consistente y realmente explicativa.[5] En cuanto a la importancia de este tema para los estudiantes y profesores de griego, en palabras de Marta Alesso, se cree que "el tratamiento del aspecto verbal como categoría semántica es una necesidad actual del lingüista que enseña griego para poder relacionar morfología y semántica".[6] Entonces, para una traducción más apegada al texto novotestamentario y las intenciones del autor, será de suma importancia que el exégeta bíblico observe detenidamente, entre otras cosas, los tiempos verbales que se presentan y, además, las características contextuales que normalmente implican indicadores deícticos temporales y factores léxicos (como el significado del verbo, por ejemplo). A propósito, Ignacio Bosque citado en el cap.

---

[4] Ibíd., 35.

[5] Andrew David Naselli, "A Brief Introduction to Verbal Aspect in New Testament Greek", *Detroit Baptist Seminary Journal* 12 (2007), http://www.dbts.edu/ journals/2007/Naselli2007.pdf(consultado el 20 de octubre de 2014).

[6] Marta Alesso, reseña de Stanley Porter, "Verbal Aspect in the Greek of New Testament", *Circe 10* (2005-2006), http://www.biblioteca.unlpam.edu.ar/pubpdf/circe/n10a17alesso.pdf (consultado el 16 de octubre de 2014).

3, propone que la forma de acercase a una consideración más acertada del aspecto es no darle la carga aspectual exclusivamente al sintagma verbal, sino que, debe observarse el carácter composicional del aspecto, el cual se obtiene teniendo en cuenta además, la relevancia del contexto y las estructuras con adjetivos, sustantivos y, especialmente, adverbios.[7]

6.3 Recomendaciones para futuras investigaciones

Para finalizar este trabajo de investigación, se presentan algunas recomendaciones para los que deseen avanzar en el estudio del aspecto verbal. Primero, por ser un campo muy amplio y todavía en gran parte por explorar, se cree necesario delimitarlo, ya sea por tiempos verbales o por modos. Por ejemplo, los autores que ya han investigado el tema, delimitaron sus estudios, por ejemplo, a un solo libro (Marcos),[8] o solo al modo indicativo (por ser el de mayor incidencia),[9] y luego, aparte, a todos los demás modos no-indicativos,[10] etc.

Continuando en este sentido, la segunda recomendación sería que por medio de la delimitación se podrá ahondar en la investigación con un oportuno análisis de pasajes que demuestren la teoría en cuestión. De más está decir que es necesario fundamentar una idea con varios versículos. Por lo tanto, es necesario observar la mayor cantidad de ocurrencias y así demostrar a través de los patrones de conducta en los ejemplos si la teoría es factible o no.

La tercera recomendación es considerar las discusiones que existen entre los eruditos respecto al aspecto verbal de los tiempos perfecto y pluscuamperfecto. Será muy oportuno un estudio específico de estos tiempos. La importancia radica en que estas formas, especialmente el perfecto, es un fuerte marcador de énfasis de la acción en el sistema verbal griego. Por lo tanto, más estudios deben llevarse a cabo con el fin de corroborar si es aspectualmente estativo, perfectivo o imperfectivo.

---

[7] Ignacio Bosque, "Sobre el aspecto en los adjetivos y en los participios" (apuntes de Tiempo y aspecto en español, Universidad de La Rioja, 1990), 177-214.

[8] Rodney J. Decker, *Temporal Deixis of the Greek Verb in the Gospel of Mark with Reference to Verbal Aspect* (Nueva York: Peter Lang, 2001).

[9] Constantine R. Campbell, *Verbal Aspect, the Indicative Mood, and Narrative: Soundings in the Greek of the New Testament* (Nueva York: Peter Lang, 2007).

[10] Constantine R. Campbell, *Verbal Aspect and Non-Indicatives Verbs: Further Soundings in the Greek of the New Testament* (Nueva York: Peter Lang, 2008).

APÉNDICE:
LISTA DE CITAS BÍBLICAS

Levítico
23:33-36............... 116
23:39-43............... 116

Deuteronomio
16:13-15............... 116

Miqueas
5:2....................... 121

Mateo
1:8......................... 111
2:13....................... 50
3:16....................... 97
5:19....................... 54
5:27................. 57, 111
6:4........................ 103
9:6........................ 108
10:29............... 57, 111
14.......................... 32
14:13-21................. 33
27:49..................... 111

Marcos
1:5......................... 118
1:8.................. 57, 111
1:11........................ 35
2:10....................... 108
4:3......................... 99
4:3-8...................... 42
4:14-20......... 42, 43, 99
4:39.............. 107, 108
5:4........................ 109
5:19................ 54, 107

6............................ 32
6:32-44.................. 33
6:44....................... 39
10:33............... 57, 111
15:20-24................ 44
16:7................ 57, 111

Lucas
1............................ 93
1:20....................... 41
1:29....................... 47
1:39-41......... 35, 40, 93
1:45................. 39, 96
3:9........................ 100
3:16...................... 100
4:29............... 55, 110
5:4................... 36, 94
5:12....................... 46
5:21....................... 50
5:24...................... 108
6:27....................... 45
8:6........................ 50
9............................ 32
9:10b-17................. 33
9:29....................... 50
9:42-45........... 51, 105
12:5....................... 41
14:35..................... 45
15:8....................... 38
15:14..................... 50
15:16..................... 52
18:17..................... 38
22:13..................... 56
22:15..................... 41

22:18 38

Juan
1-12 116
1:18 122
1:29 48
1:45 .... 121 n. 19
1:51 55
2:4 .... 119, 119 n. 9
2:7-8 37
2:24 51
3:14 94
3:16 .... 93, 94
4:16 45
4:33 42
5:18 52
5:20 44
5:33 53
5:35 48
6. 32
6:1-15 33
7. .... 116, 117
7:1-13 117
7:2, 14 116
7:6 .... 119, 119 n. 9
7:6, 8 .... 117 n. 4
7:8 .... 119, 119 n. 9
7:13 119
7:13-36 117
7:25-27 118
7:25-31 115-124
7:26 119
7:27 .... 120, 121
7:28 .... 54, 121, 122
7:29 .... 122, 123
7:28-29 .... 117, 118, 121
7:29 122
7:30 118
7:30-31 .... 118, 123

7:31 118
7:32 .... 119 n. 10
7:37-53 117
8. 116
8:14 122
8:31 109
8:55 121
9. 116
9:22 56
10:14-15 21
10:28 .... 38, 95
11:27 54
13-21 116
14:9 .... 121, 122
14:29 54
15:2 47
15:21 121
16:13-14 .... 57, 111
16:15 44
17:3 121
18:5 .... 121 n. 19
18:7 .... 121 n. 19
19:6 37
19:19 .... 121 n. 19
19:32-34 36
21:16 46
21:22 .... 51, 104
21:25 42

Hechos
3:18 41
8:20 102
8:27 111
9:33 49
11:28 112
15:29 107
23:30 112
24:15 112
27:10 112

Romanos
1-11 126
1:8 126
1:14-17 126
1:18-3:20 126
3:3-4 .... 39, 95
3:21-26 127
3:21-4:25 126
3:26 126
5 93
5-7 127
5:1-8:39 126
5:9 126
5:11 126
5:12-21 132
5:14 .... 35, 93
5:16 127
5:18 127
5:18-21 127
6:4-5 132
6:22 126
7, 8 .... 130 n. 39
7:6 126
7:9 129
7:10 .... 128, 129
7:13-25 131
7:14 .... 128, 129
7:17 129
7:20 129
7:22-25 133
7:24 129
7:25 129
8 129
8:1 .... 126, 128 n. 32
8:1-8 .... 124-133, 115, 124
8:2 .... 128, 130, 131, 133
8:3 .... 95, 129, 131
8:4 .. 95, 128 n. 32, 129, 131
8:4-8 132
8:6 .... 131, 132
8:7-8 .... 132, 133
8:8 98
8:9 .... 132, 133 n. 53
8:10 .... 129 n. 33
8:18 126
9:3 .... 130 n. 39
9:8 .... 130 n. 39
11:5 126
11:14 .... 130 n. 39
11:30 126
11:31 126
12-15 126
13:11 126
16:19 126

1 Corintios
2:12 108
11:28 101
13:2 108
14:11 108

2 Corintios
12:7 47

Gálatas
3:21 129
4:4 .... 127 n. 28, 130
5:1 128

Efesios
5:5 107
5:18-19 .... 48, 103
6:21 108

Filipenses
1:12 51
1:25 .... 58, 111
2 130

4:4...................... 101

1 Tesalonicenses
3:11....................... 39

1 Timoteo
3:15....................... 108

2 Timoteo
2:19....................... 48

Hebreos
3:18....................... 112

Santiago
1:19....................... 107

2:9.......................... 49

1 Pedro
3:13....................... 111

2 Pedro
1:2.......................... 96

1 Juan
2:10....................... 48
2:29....................... 108
5:2.................... 47, 101
5:13....................... 108

Apocalipsis
19:20....................... 55

BIBLIOGRAFÍA

Albertuz, Francisco. "En torno a la fundamentación lingüística de la *Aktionsart*". *Verba* 22 (1995): 285-337.

Alesso, Marta. Reseña de Stanley Porter, "Verbal Aspect in the Greek of New Testament". *Circe* 10 (2005-2006). http://www.biblioteca.unlpam.edu.ar/pubpdf/circe/n10a17 alesso.pdf (consultado el 16 de octubre de 2014).

Balz, Horst y Gerhard Schneider, eds. *Diccionario exegético del Nuevo Testamento*. Traducido por Constantino Ruiz-Garrido. 2 tomos. Salamanca: Sígueme, 1998.

Barclay, John M. G. "Do We Undermine the Law?: A Study of Romans 14.1-15.6". Páginas 287-308 en *Paul and the Mosaic Law*. Editado por James D. G. Dunn. Grand Rapids: Eerdmans, 1994.

Barret, Charles Kingsley. *El evangelio según san Juan*. Madrid: Cristiandad, 2003.

Bosque, Ignacio. "Sobre el aspecto en los adjetivos y en los participios". Apuntes de Tiempo y aspecto en español, Universidad de La Rioja, 1990.

Cáceres Ramírez, Orlando. "Modo Subjuntivo, el modo de lo irreal". http://reglasespanol.about.com/od/conj/a/modo-subjuntivo.htm (10 de marzo de 2015).

Campbell, Constantine R. *Advances in the Study of Greek*. Grand Rapids: Zondervan, 2015.

_____. *Basics of Verbal Aspect in Biblical Greek*. Grand Rapids: Zondervan, 2008.

_____. "Breaking Perfect Rules. The Traditional Understanding of the Greek Perfect". Páginas 139-55 en *Discourse Studies and Biblical Interpretation: A Festschrift in Honor of Stephen H. Levinsohn*. Editado por Steve E. Runge. Bellingham: Logos Bible Software, 2011.

_____. *Verbal Aspect and Non-Indicatives Verbs: Further Soundings in the Greek of the New Testament*. Nueva York: Peter Lang, 2008.

_____. *Verbal Aspect, the Indicative Mood, and Narrative: Soundings in the Greek of the New Testament*. Nueva York: Peter Lang, 2007.

Carreter, Fernando Lázaro. *Diccionario de términos filológicos*. Madrid: Gredos, 1968. Citado en Guzmán Tirado, Rafael y Manuela Herrador del Pino, "El aspecto verbal en español: historia de la cuestión y nuevas aportaciones a su estudio". *Cultura y comunicación* 96 (2002): 27-45.

Carson, Donald A. "An Introduction to the Porter/Fanning Debate". Páginas 18-25 en *Biblical Greek Language and Linguistics: Open Questions in Current Research*. Editado por D. A. Carson y Stanley Porter. Sheffield: JSOT, 1993.

_____. "Apuntes de Advanced Greek Grammar". Trinity Evangelical Divinity School, 2007.

Castro Sánchez, Secundino. *Evangelio de Juan*. Henao: Desclée De Brouwer, 2008.

Centro Aragonés de tecnologías para la educación, "Aspecto". http://cprcalat.educa.aragon.es/ VERBOS/aspecto.htm (9 de marzo de 2015).

Comrie, Bernard. *Aspect: An Introduction to the Study of Verbal Aspect and Related Problems*. Cambridge: Cambridge University Press, 1976.

Cousar, Charles B. "Continuity and Discontinuity: Reflections on Romans 5-8". Páginas 196-210 en *Pauline Theology: Romans*. Editado por David Hay y E. Elizabeth Johnson. 3 tomos. Minneapolis: Fortress, 1995.

Cranfield, C. E. B. *La epístola a los romanos*. Grand Rapids: Eerdmans, 1993.

Criado de Val, Manuel. *Sintaxis del verbo español moderno*. Madrid: Consejo Superior de Investigaciones Científicas, 1948. Citado en Guzmán Tirado, Rafael y Manuela Herrador del Pino, "El aspecto verbal en español: historia de la cuestión y nuevas aportaciones a su estudio". *Cultura y comunicación* 96 (2002): 27-45.

Curtius, Georg. *Gramática griega elemental*. Madrid: Estudio Tipográfico de Ricardo Fé, 1887. Citado en Veyrat-Rigat, Montserrat. "El aspecto verbal" en *Aspecto, perífrasis y auxiliación: un enfoque perceptivo* (1993). http://www.academia.edu/188648/Aspecto_Perifrasis_y_Auxiliacion_un_enfoque_perceptivo._Cap._1_El_aspecto_verbal (consultado el 30 de octubre de 2013).

Bibliografía

_____. *The Greek Verb: Its Structure and Development*. Londres: John Murray, 1880. Citado en Campbell, Constantine R. *Basics of Verbal Aspect in Biblical Greek*. Grand Rapids: Zondervan, 2008.

Decker, Rodney J. *Temporal Deixis of the Greek Verb in the Gospel of Mark with Reference to Verbal Aspect*. Nueva York: Peter Lang, 2001.

_____. "Verbal Aspect in Recent Debate: Objections to Porter´s Non-Temporal View of the Verb". 30 de marzo de 2001. http://ntresources.com/blog/documents/ PorterObj.pdf (26 de enero de 2015).

De la Potterie, Ignacio. *La verdad de Jesús: Estudios de cristología joanea*. Madrid: BAC, 1979.

Dietrich, Wolf. *El aspecto verbal perifrástico en las lenguas románicas*. Madrid: Gredos, 1983. Citado en Veyrat-Rigat, Montserrat. "El aspecto verbal" en *Aspecto, perífrasis y auxiliación: un enfoque perceptivo* (1993). http://www.academia.edu/188648/Aspecto_Perifrasis_y_Auxiliacion_un_enfoque_perceptivo._Cap._1_El_aspecto_verbal (consultado el 30 de octubre de 2013).

Dodd, C. H. *Interpretación del cuarto evangelio*. Madrid: Cristiandad, 1978.

Eichholz, Georg. *El evangelio de Pablo: Esbozo de la teología paulina*. Salamanca: Sígueme, 1977.

Evans, T. V. *Verbal Syntax in the Greek Pentateuch: Natural Greek Usage and Hebrew Interference*. Oxford: Oxford University Press, 2001.

Fanning, Buist M. "Approaches to Verbal Aspect in New Testament Greek: Issues in Definition and Method". En *Biblical Greek Language and Linguistics: Open Questions in Current Research*. Sheffield: Sheffield Academic Press, 1993. Citado en Campbell, Constantine R. *Basics of Verbal Aspect in Biblical Greek*. Grand Rapids: Zondervan, 2008.

_____. *Verbal Aspect in New Testament Greek*. Oxford: Clarendon, 1990.

Fernández Pérez, Milagros. "Sobre la distinción Aspecto vs. *Aktionsart*". *Estudios de Lingüística de la Universidad de Alicante* 9 (1993): 223-51.

Fitzmyer, Joseph A. *Romans: A New Translation with introduction and commentary*. Nueva York: Doubleday, 1993.

García Fernández, Luis. *El aspecto gramatical en la conjugación*. Madrid: Arco Libros, 1998.

Guzmán Tirado, Rafael y Manuela Herrador del Pino, "El aspecto verbal en español: historia de la cuestión y nuevas aportaciones a su estudio". *Cultura y comunicación* 96 (2002): 27-45.

Hendriksen, Guillermo. *Efesios*. Grand Rapids: Subcomisión de Literatura Cristiana, 1990.

Henriques, Anita, Nelson Morales y Daniel Steffen. *Introducción al griego bíblico*. Miami: Vida, 2015.

Herbing, Gustav. "Aktionsart und Zeitstufe. Beiträge zur Funktionslehre des Indogermanischen Verbums". *Indogermanische Forschungen* 6 (1896): 137-269. Citado en Fernández Pérez, Milagros. "Sobre la distinción Aspecto vs. *Aktionsart*". *Estudios de Lingüística de la Universidad de Alicante* 9 (1993): 223-51.

Hoehner, Harold W. *Ephesians: An Exegetical Commentary*. Grand Rapids: Baker Academic, 2002.

Holt, J. "Études d'aspect", *Acta Jutlandica* XV/2 (1943): 5. Citado en Veyrat-Rigat, Montserrat. "El aspecto verbal" en *Aspecto, perífrasis y auxiliación: un enfoque perceptivo* (1993). http://www.academia.edu/ 188648/Aspecto_Perifrasis_y_Auxiliacion_un_enfoque_perceptivo._ Cap._1_El_aspecto_verbal (consultado el 30 de octubre de 2013).

Hong, Andrew. "Teoría del aspecto verbal", 25 de abril de 2008. http://andrewhong.net/2008/ 04/ 25/verbal-aspect-theory/ (1 de junio de 2014).

Keener, Craig S. *The Gospel of John: A Commentary*. Peabody: Hendrickson, 2003.

Kennedy, George A. *Retórica y Nuevo Testamento*. Madrid: Cristiandad, 2003.

Köstenberger, Andreas J. *John*. Grand Rapids: Baker, 2004.

Ladd, Georg. *Teología del Nuevo Testamento*. Terrassa: CLIE, 2002.

Leung, Mavis M. "The Narrative Function and Verbal Aspect of the Historical Present in the Fourth Gospel". *JETS* 51/4 (2008): 704-07.

Lyons, John. *Introduction to Theoretical Linguistics*. Cambridge: Cambridge University Press, 1969. Citado en Tobón de Castro, Lucía y Jaime Rodríguez Rondón, "Algunas consideraciones sobre el aspecto verbal en español". *Thesaurus* XXXIX/1 (1974): 34-47.

Mateos, Juan. *El aspecto verbal en el Nuevo Testamento*. Estudios de Nuevo Testamento 1. Madrid: Cristiandad, 1977.

McKay, Kenneth L. *A New Syntax of the Verb in New Testament Greek: An Aspectual Approach*. Nueva York: Peter Lang, 1994.

_____. "Aspect in Imperatival Constructions in New Testament Greek", *NovT* XXVII/3 (1985): 201-26.

Metzger, Bruce M. *Un comentario textual al Nuevo Testamento griego*. Stuttgart: Sociedades Bíblicas Unidas, 2006.

Moo, Douglas J. *The Epistle to the Romans*. Grand Rapids: Eerdmans, 1996.

Morales, Nelson. Entrevista personal, Guatemala, 10, 20 de marzo, 25 de junio de 2015.

Morris, Leon. *The Epistle to the Romans*. Leicester: Inter-Varsity, 1988.

Naselli, Andrew David. "A Brief Introduction to Verbal Aspect in New Testament Greek". *Detroit Baptist Seminary Journal* 12 (2007). http://www.dbts.edu/journals/2007/ Naselli2007.pdf (consultado el 20 de octubre de 2014).

Olsen, Mari Broman. *A Semantic and Pragmatic Model of Lexical and Grammatical Aspect*. Nueva York: Peter Lang, 2001. Citado en Campbell, Constantine R. *Basics of Verbal Aspect in Biblical Greek*. Grand Rapids: Zondervan, 2008.

Osborne, Grant R. *The Hermeneutical Spiral: A Comprehensive Introduction to Biblical Interpretation*. Downers Grove: InterVarsity, 2006.

Picirilli, Robert E. "The Meaning of the Tenses in New Testament Greek: Where Are We?". *Journal of the Evangelical Theological Society* 48/3 (septiembre de 2005): 538.

Polo, Pascual. *Gramática elemental de la lengua española*. Burgos: Establecimiento tipográfico del autor, 1837. Citado en Cáceres Ramírez, Orlando. "Modo Subjuntivo, el modo de lo irreal". http://reglasespanol.about.com/od/conj/a/modo-subjuntivo.htm (10 de marzo de 2015).

Porter, Stanley E. *Idioms of the Greek New Testament*. Sheffield: Sheffield Academic, 1994.

_____. *Linguistic Analysis of the Greek New Testament*. Grand Rapids: Baker, 2015.

_____. *Verbal Aspect in the Greek of New Testament with Reference to Tense and Mood*. Nueva York: Peter Lang, 2003.

_____ y Andrew W. Pitts. "New Testament Greek Language and Linguistics in Recent Research". *Currents in Biblical Research* (junio de 2008). http://cbi.sagepub. com/content/6/2/214 (consultado 8 de octubre de 2014).

Purkiser, W. T. *Explorando la santidad cristiana*. 2 tomos. Kansas: Casa Nazarena, 1988.

Real Academia Española. *Morfología y Sintaxis I*. Volumen 1 de *Nueva gramática de la lengua española*. Madrid: Espasa, 2009.

_____ y Asociación de Academias de la Lengua Española. *Nueva gramática básica de la lengua española*. Buenos Aires: Espasa, 2011.

_____ y _____. *Nueva gramática de la lengua española*. Madrid: Espasa, 2011.

_____ y _____. *Nueva gramática de la lengua española: Manual*. Madrid: Espasa, 2010.

Ridderbos, Herman. *El pensamiento del apóstol Pablo*. Grand Rapids: Desafío, 2000.

Rijksbaron, Albert. *The Syntax and Semantics of the Verb in Classical Greek: An Introduction*. Amsterdam: Gieben, 1984.

Roca Pons, José. *El aspecto verbal en español*. Madrid: Consejo Superior de Investigaciones Científicas, 1968.

_____. *Estudios sobre perífrasis verbales del español*. Madrid: Consejo Superior de Investigaciones Científicas, 1958. Citado en Veyrat-Rigat, Montserrat. "El aspecto verbal" en *Aspecto, perífrasis y auxiliación: un enfoque perceptivo* (1993). http://www.academia.edu/188648/Aspecto_ Perifrasis_y_Auxiliacion_un_enfoque_perceptivo._Cap._1_El_aspecto _verbal (consultado el 30 de octubre de 2013).

Rojo, Guillermo. "Temporalidad y aspecto en el verbo español", *Lingüística Española Actual* X (1988): 195-216. Citado en Guzmán Tirado, Rafael y Manuela Herrador del Pino, "El aspecto verbal en español: historia de la cuestión y nuevas aportaciones a su estudio". *Cultura y comunicación* 96 (2002): 27-45.

Runge, Steve E. "The Verbal Aspect of the Historical Present Indicative in Narrative". Páginas 191-224 en *Discourse Studies and Biblical Interpretation: A Festschrift in Honor of Stephen H. Levinsohn*. Bellingham: Logos Bible Software, 2011.

Schlier, Heinrich. *La carta a los efesios*. Salamanca: Sígueme, 1991.

Stott John R. W. *The Message of Romans: God's good news for the world*. Leicester: Inter-Varsity, 1994.

Streitberg, Wilhelm. "Perfective und imperfective actionsart [sic] im Germanischen: Einleitung und 1. Teil: Gotisch", *Beiträge zur Geschichte der deutschen Sprache und Literatur* 15 (1891): 70-177. Citado en Binnick, Robert I. *Time and the Verb. A Guide to Tense and Aspect*. Oxford: Oxford University Press, 1991.

The Greek New Testament, 4a. ed. Stuttgart: Sociedades Bíblicas Unidas, 1993.

The Master's Seminary. "Basics of Verbal Aspect in Biblical Greek". http://www.tms.edu/Journal BookReview.aspx?ID=670 (10 de enero de 2015).

Tobón de Castro, Lucía y Jaime Rodríguez Rondón, "Algunas consideraciones sobre el aspecto verbal en español". *Thesaurus* XXXIX/1 (1974): 34-47.

Turrado, Lorenzo. *Hechos de los Apóstoles y Epístolas Paulinas*. Madrid: BAC, 1965.

Università Ca'Foscari Venezia, "El aspecto verbal". http://venus.unive.it/matdid.php?utente=fbarrio&base=Corso+2009-2010%2FLingua+Spagnola+1%2FE0045+Verbo+(2). pdf&cmd=file (8 de marzo de 2015).

Veyrat-Rigat, Montserrat. "El aspecto verbal" en *Aspecto, perífrasis y auxiliación: un enfoque perceptivo* (1993). http://www.academia.edu/188648/Aspecto_Perifrasis_y_Auxiliacion_un_enfoque_perceptivo_Cap._1_El_aspecto_verbal (consultado el 30 de octubre de 2013).

Wallace, Daniel y Daniel Steffen. *Gramática griega: Sintaxis del Nuevo Testamento*. Miami: Vida, 2011.

Wilckens, Ulrich. *La carta a los romanos*. Salamanca: Sígueme, 1989.

Witherington, Ben. "The Christening of the Believer: The Story of Life in Christ and Life in the Spirit". Páginas 245-337 en *Paul's Narrative Thought World: The Tapestry of Tragedy and Triumph*. Louisville: John Knox, 1994.

Wright, N. T. *Paul: Fresh Perspectives*. Londres: SPCK, 2005.

www.ingramcontent.com/pod-product-compliance
Lightning Source LLC
Chambersburg PA
CBHW021004090426
42738CB00007B/644